Viager immobilier
LE GUIDE

Acheter au bon prix
Vendre mieux

www.vitapecunia.fr

Table des matières

Introduction au viager

Le viager est un régime vieux de plus de 200 ans, défini dans le code civil aux articles 1968 à 1983. Étymologiquement, le terme viager signifie « temps de vie » en vieux français. Le viager à des termes qui lui sont propres, en cas d'interrogation sur une définition, je vous invite à vous reporter au lexique en fin de ce livre.

Bien que le viager immobilier soit ancien, il reste méconnu en France. Lorsque j'ai commencé à m'intéresser au viager, j'ai naturellement consulté Internet afin d'en apprendre plus sur cette méthode d'acquisition immobilière. Encore aujourd'hui, très peu d'ouvrages ou de sites Internet traitent le sujet autrement que par l'aspect juridique et théorique. Il existe très peu de retours d'expérience ou de documents rédigés par des personnes ayant elles-mêmes acquis ou vendu des biens en viager.

J'ai donc voulu écrire ce livre pour aider les potentiels vendeurs et acheteurs avec une approche différente. Bien qu'il soit difficile de faire abstraction de l'aspect théorique qui est rappelé dans cet ouvrage, j'ai également apporté ma vision, enrichie par mon expérience de conseiller en gestion de patrimoine mais également par celle d'un ancien professionnel de la gestion du risque. J'ai exercé le métier d'actuaire au sein de plusieurs compagnies d'assurance. J'ai donc l'expertise technique afin de « prévoir » le risque du viager, à savoir calculer avec autant de précision que possible (que nous offrent les statistiques) la mortalité des vendeurs (ou des acheteurs). J'essaie donc d'apporter une expertise nouvelle et complémentaire à celle d'un notaire ou d'un agent immobilier, même spécialisé dans le viager.

Cet ouvrage permettra au lecteur d'avoir une idée claire du viager et comment obtenir des résultats concrets sur ses finances et son patrimoine. Cet ouvrage n'est pas exhaustif et n'a pas vocation à remplacer l'accompagnement d'un expert. Je conseille donc le lecteur de se rapprocher d'un professionnel spécialisé dans le viager afin de concrétiser son projet.

Je ne traiterai que du viager immobilier des biens à usage d'habitation dans cet ouvrage. En effet, le viager ouvre sur des perspectives assez larges : possibilité de convertir une somme d'argent en rente viagère auprès d'un assureur (le viager financier), transaction en viager immobilier d'un local commercial (un salon de coiffure par exemple), etc.

Une brève introduction au viager

Le principe de la vente en viager

La vente viagère ou vente en viager est une forme particulière de vente immobilière où le vendeur (généralement de plus de 65 ans) cède son bien en échange d'une rente viagère perçue jusqu'à son décès. Cette rente est généralement accompagnée d'un montant comptant, le bouquet. On rencontre régulièrement deux types de viagers : la vente viagère occupée (forme la plus répandue) et la vente viagère libre.

La nature du viager est aléatoire : les versements dépendent de la durée de vie du vendeur. En effet, tant que ce dernier est vivant, l'acheteur doit lui verser périodiquement une rente en contrepartie d'un bien immobilier acquis. Le vendeur s'assure ainsi une certaine indépendance financière. Quant à l'acheteur, il peut devenir légalement propriétaire du bien sans avoir à payer entièrement le prix de ce dernier ou recourir à une banque pour le financement. Cependant, n'oublions pas que l'évaluation des rentes se fonde uniquement sur des données théoriques (évaluations statistiques) au moment de la signature du contrat. C'est la durée de vie du vendeur qui permet de définir le montant de la rente payée.

Il faut noter qu'en cas de vente en viager libre, l'acheteur sera la seule personne qui supportera l'ensemble des dépenses qui sont liées au logement. Dans le cas d'une vente viagère occupée, le vendeur participe aux dépenses de travaux et d'entretien du bien (elles seront différentes si le vendeur est usufruitier ou bénéficiaire d'un DUH).

La différence entre un achat « classique » et un viager

L'achat d'un logement de manière « classique », c'est-à-dire comptant le jour de la vente, se fait sur la « pleine-propriété » du bien. Cette vente va faire généralement intervenir un établissement bancaire. En effet, rares sont les vendeurs pouvant se permettre d'acheter « cash » un bien immobilier.

Le contrat viager va imposer à l'acheteur le règlement d'un acompte le jour de la vente, le « bouquet », puis de régler périodiquement des rentes durant une durée limitée (par le décès du vendeur - viager standard - ou un nombre fixe d'années – viager temporaire). Le viager est un démembrement de propriété : le droit de jouissance est conservé par le vendeur.

Nous schématisons tout d'abord une vente immobilière classique :

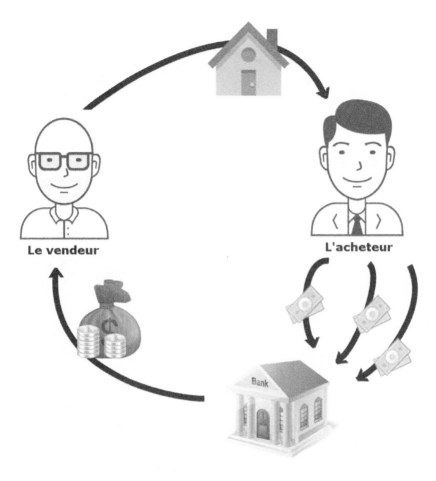

Nous schématisons ensuite la même vente, mais en viager :

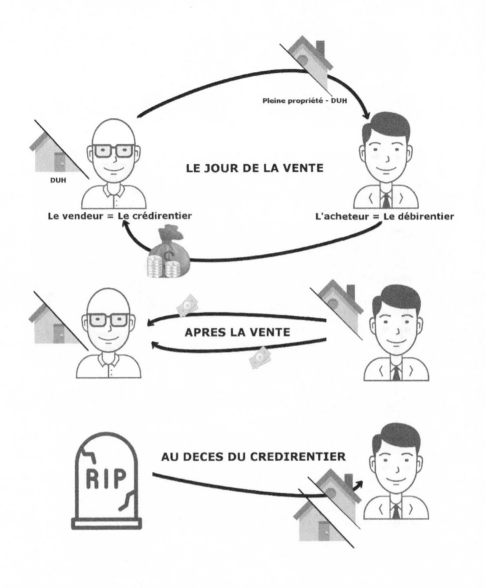

Les perspectives du viager

Nous rencontrons de plus en plus le terme emprunté de l'anglais « Silver Economie ». Le vieillissement de la population est tel qu'une véritable économie pour les séniors se met en place et le viager en fait partie. Le viager a de beaux jours devant lui. En effet, la conjoncture économique actuelle est favorable à une augmentation des ventes en viager :

- **Baisse du pouvoir d'achat des retraités** à cause du gel des pensions de retraite ;
- **Allongement de la durée de vie.** De nombreuses personnes qui avancent aujourd'hui en âge n'ont pas anticipé une retraite aussi longue et donc suffisamment d'argent pour faire face à leurs dépenses futures. Certains retraités souhaitent également profiter de leur retraite et de leur bon état de santé. Ils ont donc besoin de liquidités pour cela mais comptent aussi garder leur logement.
- **Le coût de la dépendance** : ce terme était inconnu il y a plusieurs décennies et pour cause, la majorité des gens décédaient avant d'être dépendants. Certaines personnes âgées sont aidées gracieusement par leurs proches (enfants, amis...) pour accomplir les gestes quotidiens. D'autres doivent supporter des coûts très élevés pour être aidées ou médicalisées chez elles. Enfin, les personnes isolées avec des ressources limitées se débrouillent comme elles le peuvent...
- Les difficultés pour **accéder à la propriété** concernent de nombreux Français. La majorité des propriétaires parisiens ont plus de 65 ans alors que le primo-accédant (propriétaire pour la première fois) parisien est âgé en moyenne de 40 ans.

Pourtant, le viager est encore mal connu aujourd'hui. Il représente aujourd'hui moins de 1% des transactions, soit moins de 10 000 ventes chaque année. Ces transactions sont principalement concentrées en région parisienne, à Lyon, Bordeaux et sur la Côte d'Azur.

Le viager est trop souvent associé à une transaction immorale : le vendeur réaliserait un pari sur le décès du vendeur. Bien que cette réticence soit, à première vue, compréhensible, il ne faut pas oublier que le viager est un outil fabuleux de transmission de patrimoine progressive qui permet à un acheteur d'accéder à la propriété ou à l'investissement et au vendeur d'améliorer son pouvoir d'achat et ses vieux jours.

Pourquoi le viager est tout sauf malsain ?

La plupart des personnes réduisent le viager à un pari macabre sur la mort du vendeur. Les intérêts divergents du vendeur et de l'acheteur seraient uniquement basés sur l'espoir d'un décès précoce du vendeur pour l'acheteur et, a contrario, d'une longévité exceptionnelle pour le vendeur.

Cette pensée résume bien la méconnaissance du sujet de la part du grand public. En effet, le viager est un outil de transmission patrimonial qui peut, dans de nombreux cas, se montrer plus adapté qu'une vente immobilière classique. Cela est vrai pour le vendeur ou pour l'acheteur.

Un acheteur espérant s'enrichir par la mort prématurée du vendeur a de grandes chances d'être déçu. Certes, il est peu probable qu'un vendeur vive exactement le nombre d'années calculé le jour de la signature (le viager est aléatoire, rappelons-le). En revanche, cet aléa est symétrique[1] : le vendeur peut aussi bien décéder avant (à l'avantage de l'acheteur) ou après (à l'avantage du vendeur).

Imaginons qu'un acheteur mal attentionné voit son vœu se réaliser : le vendeur décède rapidement. Il y a très peu de chances qu'il puisse réaliser de nouveau une opération viagère très rentable. En effet, par le principe de la loi des Grands Nombres[2], l'acheteur ne sera pas plus gagnant que perdant en moyenne.

Pourquoi le viager permet d'aider les séniors

Comme nous l'avons vu précédemment, le viager aide un sénior à conserver son pouvoir d'achat et même à

---

[1] A condition que le viager soit correctement évalué, d'où l'intérêt d'être accompagné par un professionnel compétent dans la transaction.
[2] Plus le débirentier achète des viagers et plus l'espérance de vie réelle moyenne tend vers l'espérance de vie théorique. Imaginez jouer à pile ou face avec une pièce. En théorie, vous avez 50% de chance d'obtenir un « pile ». En deux lancers, vous obtiendrez peut-être que des « faces », soit 0% de « pile ». En revanche, il est totalement improbable d'obtenir aucun « pile » en 1 000 lancers. Vous en obtiendrez, disons, 523, soit 52,3% des lancers.

améliorer son niveau de vie. Il est parfaitement compréhensible qu'une personne âgée souhaite conserver le bien dans lequel elle a énormément de souvenirs. Le viager est une solution intéressante pour conserver son bien immobilier jusqu'à la fin de sa vie tout en améliorant financièrement son quotidien.

Le viager est aussi une solution pour les personnes âgées n'ayant pas d'héritiers ou ne pouvant/voulant pas léguer leur bien immobilier partiellement ou totalement. Le compromis utilisé par certains crédirentiers est de mettre son logement en viager pour percevoir des rentes et léguer le bouquet à ses héritiers.

Contrairement aux idées reçues, vendre un bien immobilier en viager en présence d'héritiers est possible et même recommandé si le sénior ne dispose pas d'un patrimoine financier conséquent ou que ses revenus sont modestes. D'une part, le viager lui permettra de subvenir à ses besoins (n'oublions pas que dans le cas contraire, le Code Civil obligerait ses enfants à l'aider financièrement !) et d'autre part, ses enfants n'auront pas à avancer des frais de succession conséquents (de leur propre poche en l'absence de liquidités transmises par leur défunt parent) pour hériter du bien immobilier.

Enfin, le viager peut être un outil de protection du conjoint. Le vendeur peut demander la réversion de la rente en cas de décès au profit de son conjoint. Dans ce cas, le conjoint survivant continuera à percevoir la rente versée par le débirentier. Il sera par ailleurs exonéré des droits de succession sur la valeur de réversion de la rente. Un avantage de taille si le conjoint survivant n'a pas droit à la réversion de la pension de retraite de son défunt conjoint et que ses revenus sont modestes !

Pourquoi l'acheteur ne doit surtout pas voir le viager comme un pari sur la vie du vendeur ?

Comme pour n'importe quel investissement financier, l'acheteur doit déterminer une somme d'argent à allouer périodiquement à son investissement. Cet argent ne pourra pas être récupéré durant toute la durée de l'investissement, c'est-à-dire pas avant le décès du crédirentier vendeur et la revente du logement en question ou encore de la revente du viager du vivant du crédirentier.

Un potentiel acheteur doit donc s'assurer qu'il pourra honorer le versement de la rente viagère durant la période de vie théorique du vendeur (son espérance de vie) et au-delà si le vendeur vit plus longtemps qu'anticipé.

Nous consacrerons un chapitre sur la gestion du risque viager pour l'acheteur. Nous pouvons d'ores et déjà annoncer que l'acheteur peut diminuer le risque viager grâce à des concepts relativement simples :

- Ne pas consacrer cette somme à la rente d'un seul viager mais mutualiser les risques en acquérant plusieurs « petits » viagers ;
- Ne pas choisir un vendeur trop vieux, par exemple, de plus de 90 ans. Le premier choix de l'investisseur pourrait se porter sur des viagers avec des crédirentiers très âgés. En effet, leur espérance de vie est courte, ils ne paieraient donc pas longtemps la rente viagère. Cependant, vous devez avoir conscience que la rente est calculée en conséquence : la rente sera donc très élevée. Un vendeur qui vit une année de plus relativement à une espérance de vie de 4 ans par exemple, fera augmenter sans aucune commune mesure le coût du viager par rapport à un vendeur qui vit une année de plus relativement à une espérance de vie de 15 ans ! (+ 25% de rentes en plus sur le premier cas, +7% pour le second).
- Ne choisissez pas non plus un vendeur trop jeune. En effet, un vendeur jeune (par exemple moins de 70 ans) aura une espérance de vie beaucoup plus longue. Or, le calcul de la rente repose sur des statistiques qui s'appuient sur les espérances de vie passées. Bien que l'allongement de la durée de vie soit prévu dans la plupart des barèmes viagers, le risque d'imprécision est beaucoup plus fort sur les espérances de vie plus longues. Ce type de

risque sur lequel l'acheteur s'expose est le risque de longévité.

Pourquoi choisir le viager ?

Pour le vendeur

La rente viagère

Le premier avantage incontestable du viager pour le vendeur est la rente viagère. Jusqu'à la fin de ses jours, le vendeur est assuré de percevoir une rente de manière périodique et indexée sur le coût de la vie. Bien sûr, il devra s'assurer de la solvabilité de l'acheteur afin de ne pas avoir de déconvenues par la suite.

Le viager « occupé » permet d'obtenir une rente de manière périodique et de continuer à vivre dans le logement. Une partie des charges liées au logement est dorénavant supportée par l'acheteur.

Si le vendeur choisi plutôt un viager « libre », il percevra des rentes plus élevées (car le prix du logement est retenu à sa valeur vénale, contrairement à un viager occupé où le DUH est déduit de la valeur vénale).

Le transfert du risque locatif

Dans le cas d'un viager libre, le crédirentier n'aura pas besoin de s'occuper de la gestion du logement. Il n'aura pas non plus à supporter les risques locatifs s'il devait mettre son bien en location afin d'en tirer un revenu complémentaire. Dans le cas d'un viager occupé, le vendeur cède la majorité des actes de gestion à l'acheteur.

Le bouquet : disposer d'un capital immédiat

Le crédirentier dispose librement et dès le jour de la signature du contrat d'une somme d'argent qui peut être non négligeable : le bouquet.

Cette somme peut être allouée aux héritiers, être placée pour générer des rentes ou utilisée pour adapter le logement aux besoins du vendeur (lit médicalisé, assistance, etc.).

La fiscalité

L'imposition sur les rentes est fiscalement intéressante pour le crédirentier. L'abattement fiscal dépend de l'âge auquel le vendeur met son logement en viager.

Le bouquet est totalement exonéré d'impôt sur la plus-value si le logement constituait la résidence principale du vendeur.

Je consacre dans ce livre un chapitre à ce sujet.

Transmettre son patrimoine à sa famille

Le viager est un outil intéressant pour anticiper la transmission de son patrimoine à ses héritiers. Le crédirentier devra veiller à ce que la transaction ne soit pas assimilable à une donation déguisée : il est préférable que les héritiers soient informés et donnent leur accord pour une telle transaction.

Le logement reste ainsi dans la famille et le ou les héritier(s) peu(ven)t ainsi aider le crédirentier. Il s'agit souvent d'une relation parent/enfant dans ce cas.

Pour l'acheteur

Le viager est un outil patrimonial très intéressant s'il est correctement utilisé et l'acheteur a pris conscience des limites de ce type de vente. Nous listons à la fin de ce livre des situations où le viager doit être approfondi par l'investisseur.

L'accès à la propriété sans crédit immobilier

On pourrait croire que les taux d'emprunt historiquement bas profitent aux emprunteurs. Il n'en est rien. Les banques ne gagnent pratiquement plus d'argent en prêtant des fonds. Elles se montrent ainsi beaucoup plus regardantes sur les candidats au prêt immobilier.

Elles exigent un apport souvent important, de respecter un certain niveau d'endettement, d'avoir une situation professionnelle « stable » (CDI ou chef d'entreprise avec au moins 3 bilans de bonne qualité), etc.

Le viager est l'opportunité pour un investisseur d'acheter un bien immobilier sans recourir à un financement externe et avec un apport réduit. Sachez qu'il existe des viagers sans bouquet, l'acheteur devra donc s'acquitter uniquement des frais de transaction (voire rien du tout s'il négocie bien car, contrairement à l'usage, le vendeur peut s'acquitter lui-même des frais de notaire).

L'investisseur ne souhaite pas alourdir sa fiscalité

Dans le cas d'un achat immobilier classique, l'investisseur sera imposé sur les loyers générés par le bien immobilier. L'avantage du viager (« occupé ») est de payer les loyers de manière anticipée. En effet, le DUH est soustrait à la valeur vénale du bien. Or, le DUH n'est autre que la somme des loyers futurs estimés et est conservé par le vendeur. L'acheteur ne paiera donc pas d'impôts sur ces loyers « fictifs ».

Différer la jouissance du bien

Certains investisseurs utilisent le viager pour préparer eux-mêmes leur future retraite. Le bien acheté en viager sera le futur bien habité pour leurs vieux jours ou sera loué pour générer des revenus complémentaires. Ils bénéficient donc d'une décote du bien si celui-ci est habité par le vendeur (et ne paient ainsi pas d'impôts comme nous l'avons expliqué dans le paragraphe

18

précédent). Durant la période de versement des rentes, un viager « occupé » ne demande presque pas de travail de gestion contrairement à un logement locatif.

Les différents types de viagers

Le viager est un contrat soumis au code civil qui est, dans les faits, très souple.

Il existe donc plusieurs types de viagers :

- Viagers occupés :
    - le vendeur conserve le DUH ;
    - le vendeur conserve l'usufruit ;
    - le viager sans rente ;
    - le viager occupé temporaire.
- Viager libre.

Le viager occupé propose de nombreuses variantes.

Le viager occupé avec conservation du DUH par le vendeur

Le cas classique qui répond généralement à une demande forte du vendeur (rester dans sa maison) est le viager occupé avec conservation du DUH.

Le droit d'usage et d'habitation est défini aux articles 625 et suivants du Code civil. Contrairement à un usufruit, le DUH est un droit propre à la personne et ne peut donc être transmis ou cédé. En ce sens, le DUH protège les intérêts de l'acheteur. Il existe cependant une exception : si le vendeur est un couple marié, le DUH ne s'éteindra qu'au décès du dernier conjoint (attention tout de même à ce que cela soit bien stipulé dans le contrat de vente). En revanche, si d'autres personnes habitaient dans la maison du vendeur défunt (des enfants ou des proches), ils devront quitter les lieux.

Lorsque le vendeur vieillit, il est possible qu'il doive se rendre dans un établissement de retraite. Afin que l'acheteur puisse récupérer le logement, il est recommandé d'**insérer une clause de majoration de rente pour libération anticipée des lieux** dans le contrat de vente.

Le viager occupé avec conservation de l'usufruit par le vendeur

Cette formule est beaucoup plus rare. Personnellement, je ne la recommande pas à l'acheteur. Le vendeur cède la nue-propriété de son logement et conserve l'usufruit. L'usufruit (défini à l'article 578 du Code civil) lui permettra de jouir de son logement et d'en percevoir des revenus. Puisque le vendeur peut mettre en location son logement, l'acheteur n'est pas sûr de récupérer le bien immobilier vide le jour du décès du vendeur. En effet, les locataires du vendeur bailleur occuperont toujours les lieux. L'acquéreur devra suivre une procédure stricte au renouvellement du bail pour pouvoir récupérer le bien. C'est pour cette raison que ce type de viager est peu utilisé.

Le viager sans rente

Le viager sans rente est un viager avec une réserve d'usufruit ou du DUH du bien par le vendeur.

Sa spécificité tient dans le paiement : l'acheteur ne verse qu'une somme d'argent le jour de la vente (le bouquet). Il ne versera pas de rentes viagères par la suite.

Ce type de viager s'appelle aussi « viager en nue-propriété » : le terme peut être trompeur puisqu'il sous-entend que le vendeur conserve l'usufruit alors qu'il s'agit d'un viager (avec réserve d'usufruit ou de DUH) payé en une seule fois avec un bouquet.

Mathématiquement, le bouquet payé par le débirentier est égal à la valeur vénale du bien immobilier diminué de la valeur du DUH (ou de l'usufruit). Le crédirentier peut donc utiliser cette somme à sa guise (donations, dépenses, placement pour rentes…). Cette formule est intéressante pour l'acquéreur s'il dispose d'importantes liquidités. En cas de longévité du vendeur, l'acquéreur devra seulement patienter plus longtemps pour récupérer son logement. Il n'aura pas de rentes supplémentaires à verser, ce qui ferait grimper le coût d'acquisition du logement. Le risque de surlongévité est donc fortement diminué avec un viager sans rentes.

Le viager occupé temporaire

Cette formule est très proche de la classique formule du viager occupé avec réserve de DUH. La différence tient dans une limite temporelle de versement de rentes. Elle est généralement utilisée par des vendeurs jeunes qui rencontrent des difficultés pour vendre leur logement. L'acquéreur est donc rassuré car il connaît le montant maximum de la transaction (qui doit être supérieur à la valeur vénale, afin de conserver l'aléa du contrat viager) et la date maximale d'entrée en jouissance du logement. En effet, cette date passée et si le vendeur est toujours en vie, le DUH s'éteint et les rentes ne sont plus exigibles. Le vendeur doit donc quitter les lieux. J'attire votre attention sur le fait que ce type de viager est contestable puisque l'aléa est réduit au profil de l'acheteur. **Je ne vous conseille donc pas de recourir au viager temporaire.**

Le viager libre

Contrairement à un viager occupé, le vendeur ne conserve pas le DUH. La pleine propriété du bien immobilier est cédée en totalité à l'acquéreur le jour de l'acte authentique.

Cette vente est donc plus onéreuse pour l'acheteur : la somme du bouquet et des rentes est équivalente à la valeur vénale du bien immobilier, c'est-à-dire à sa valeur sur le marché immobilier. D'un autre côté, le vendeur peut mettre en location le bien ou y habiter.

Ce type de viager est avantageux pour les deux parties :

- Les vendeurs peuvent se délaisser de leur résidence secondaire ou locative. Le viager libre est également pertinent si le vendeur souhaite quitter son logement pour une maison de retraite par exemple. Le DUH n'étant pas conservé par le crédirentier, les rentes viagères sont mécaniquement plus élevées. L'avantage par rapport à une mise en location du bien immobilier est certain. Le vendeur se décharge de la gestion locative (choix du locataire, rédaction du bail, états des lieux d'entrée et de sortie, etc.) et du risque locatif (impayés, dégradations, etc.). La fiscalité sur les rentes viagères est beaucoup plus avantageuse que celle sur les revenus fonciers.
- Les acquéreurs n'ont pas besoin de recourir à un prêt immobilier pour financer l'acquisition. Les acheteurs potentiels ayant des profils compliqués à financer (intermittents du spectacle, jeunes entrepreneurs, etc.) peuvent donc acheter un logement en viager libre et en faire leur résidence principale.
   Les investisseurs lourdement endettés peuvent également s'intéresser à ce type de viager. Dans le contexte économique actuel, les banques prêtent de plus en plus difficilement. Le vendeur d'un

viager sera plus enclin à accepter la transaction tout en s'assurant que les revenus de l'acquéreur soient réguliers et assez importants pour couvrir les rentes viagères durant toute sa vie.

L'aléa est une condition sine qua non du viager

Le viager est une vente immobilière particulière. Le crédirentier (le vendeur) cède son logement à un débirentier (l'acheteur). Ce dernier s'engage à verser le jour de la vente (de l'acte authentique), une somme d'argent, appelée « bouquet », puis des rentes de manière périodique. Ces rentes sont payées jusqu'au décès du vendeur. La particularité du viager est donc que l'on ne connaît pas le coût de l'opération par avance. **Cet aléa est nécessaire pour que le viager soit considéré comme valable**. Régulièrement, des contrats viagers sont réputés nuls car les juridictions constatent une absence d'aléa.

Le décès rapide du vendeur

Le viager est nul si le vendeur décède dans les 20 jours qui suivent la date du compromis ou de la promesse de vente et non à compter de la date de signature de l'acte authentique. L'article 1975 du Code civil précise que la personne doit décéder d'une maladie, connue ou non de l'acquéreur, dont elle était atteinte le jour de la vente. Par conséquent, un décès accidentel ou brutal ne remet pas en cause la vente. Enfin, si le vendeur est un couple et que l'un des conjoints décède dans les 20 jours d'une maladie connue le jour de la vente, le viager est réputé valable.

Une rente trop faible

La loi est formelle : la rente viagère est librement fixée entre les parties (article 1976 du Code civil). C'est cette liberté qui permet, en partie, d'obtenir de l'aléa dans le viager. Encadrer juridiquement le montant de la rente aurait pour conséquence une aliénation, en partie, de l'aléa. Les héritiers du vendeur décédé ne peuvent donc pas faire annuler une vente en viager si le crédirentier est décédé prématurément au titre que la somme des rentes payées est plus faible que la valeur du logement. Cela est vrai si la somme du bouquet et des rentes théoriques est bien représentative de la valeur vénale du bien immobilier le jour de la vente. La jurisprudence l'a rappelé plusieurs fois. A noter que cela est également vrai pour l'acquéreur qui ne peut pas faire annuler une vente dont le contrat a correctement été équilibré le jour de la vente, si le vendeur connaît une longévité exceptionnelle.

Cependant, il existe des cas où une rente trop faible peut aboutir à la nullité du contrat viager.

Une rente trop faible peut résulter de :

- Une valeur vénale sous-estimée : la loi protège le vendeur lésé, que ce soit par le biais d'une vente en viager ou d'une vente « classique » ;
- Une espérance de vie surestimée : absence d'aléa, alors qu'il est fondamental pour la validité du viager.

Le vendeur ou ses héritiers peuvent invoquer une rescision pour lésion si la valeur vénale a été très sous-estimée le jour de la vente. Le prix de vente du logement doit être inférieur à $7/12^e$ de sa valeur réelle. La rescision pour lésion peut être également prononcée par les juges dans le cas d'une vente « classique ».

Une espérance de vie surestimée implique une rente viagère plus faible. Une rente exagérément trop faible peut aboutir à une absence d'aléa. Dans ce cas, les juges pourront annuler la vente. Par exemple, si le montant de la rente est inférieur ou égal au montant du loyer de l'immeuble ou si la rente est dérisoire relativement à la durée de versement probable.

Existe-t-il un âge idéal pour acheter ou vendre en viager ?

L'âge du vendeur

Beaucoup de crédirentiers potentiels se posent cette question : « A quel âge puis-je vendre mon logement en viager ? ». D'un point de vue légal, il n'existe aucun âge minimum ou de limite pour mettre son bien immobilier en viager.

Cependant, en accord avec ce que j'ai déjà exposé :

- <u>Si le vendeur est trop jeune :</u> sa rente sera très basse. Il ne pourra donc probablement pas subvenir à ses besoins avec un niveau aussi faible de revenus complémentaires.

    De l'autre côté, l'acheteur s'expose au risque de longévité. Cela se manifeste par une erreur de prédiction du barème viager car l'allongement de la durée de vie n'a pas correctement été anticipée[3].

    Par ailleurs, en supposant que le barème est correct, il existe toujours un écart entre l'espérance réelle et théorique. Or, l'écart absolu est plus fort sur un vendeur jeune. Par exemple, un écart de

---

[3]Ce phénomène fait l'objet d'une étude intitulée « La dérive de la mortalité » dans les pages suivantes.

20% sur une espérance de vie est différent si celle-ci est de 5 ans ou de 30 ans[4].

Exemple :

Monsieur Calment vend en viager libre son appartement estimé à 200 000€. Il est âgé de 60 ans. Son espérance de vie est de 30 ans (selon la TGH05). Il négocie un bouquet de 50 000€ avec le vendeur. Le montant de la rente est donc d'environ seulement 400€. Plus le vendeur est jeune, moins l'évaluation de l'espérance de vie est précise. Imaginons maintenant que l'espérance de vie d'un homme comme Monsieur Calment est en réalité bien supérieure à celle qui a été estimée le jour de la signature et qu'elle est de 40 ans. L'acheteur paiera donc $400 \times 10 \times 12 = 48\,000€$ en plus de la valeur vénale du logement !

- Si le vendeur est trop âgé : la rente sera trop importante pour l'acheteur. En plus, si le vendeur vit plus longtemps que prévu, l'opération risquera de se transformer en gouffre financier pour l'acheteur (voir l'exemple ci-dessous). De plus, si l'état de santé du vendeur est dégradé ou qu'il ne dispose pas pleinement de ses facultés mentales, l'acheteur frileux passera son chemin par peur que

---

[4] Vous devez comprendre la différence entre l'écart absolu et relatif dans l'évaluation de l'espérance de vie d'un viager. J'explique cette différence dans l'étude intitulée « La différence entre l'écart absolu et l'écart relatif ».

son viager soit annulé par la justice. En effet, la jurisprudence protège beaucoup plus le crédirentier que le débirentier.

<u>Exemple :</u>

Monsieur Jachetetout pense faire une « très bonne affaire » en achetant un viager à une femme âgée de 98 ans. L'espérance de vie de cette personne est de 5 ans (selon la TGF05).

L'âge de décès théorique est donc de 103 ans. Si le vendeur décède à 105 ans (ce n'est que 2 ans de plus après tout...), le capital constitutif payé par l'acheteur sera 40% plus élevé que prévu !

C'est la raison pour laquelle plus le vendeur est âgé, plus vous devez augmenter le montant du bouquet. Les rentes seront ainsi à des niveaux supportables pour l'acheteur mais surtout, le coût du viager « n'explosera » pas en cas de surlongévité du vendeur.

<u>**Mon conseil :**</u>

Si nous devions donner une tranche d'âge raisonnable pour la vente en viager, nous retiendrions un âge idéal situé entre 75 ans et 85 ans.

Si vous souhaitez acheter ou vendre un viager avec un vendeur soit trop jeune, soit trop vieux, il existe de nombreuses alternatives :

- <u>La vente à terme :</u> La vente à terme supprime l'aléa. En contractant plutôt une vente à terme, l'acheteur supprime le risque de longévité (vendeur jeune) et de surcoût (vendeur vieux). En revanche, le vendeur qui conserve un droit sur le logement (usufruit ou DUH) devra quitter son logement s'il vit au-delà de la date du terme. Il sera probablement très âgé à cette date et le déménagement sera peut-être compliqué.

- Le viager en nue-propriété : Dans le cas d'un viager en nue-propriété, le débirentier règle seulement le bouquet et aucune rente ne sera versée. Toutes choses étant égales par ailleurs, le bouquet sera bien plus élevé afin de couvrir les rentes qui auraient été versées dans le cas d'un viager classique. Si le crédirentier venait à vivre plus longtemps que l'espérance de vie théorique, le seul préjudice causé à l'acheteur serait qu'il ne puisse pas récupérer le bien immobilier (pas de surcoût avec des rentes supplémentaires).

La dérive de la mortalité

Nous ne sommes pas à l'abri d'une mortalité future différente de celle prédite. Cette dérive a déjà été observée par les assureurs : l'allongement de la durée de vie prédit par la table TGH05 / TGF05 est sous-estimé.

J'ai donc réalisé une étude pour mesurer l'impact d'un allongement de la durée de vie plus fort qu'anticipé. J'ai utilisé la table TGH05 et j'ai supposé que la mortalité diminue de 1% pour chaque année à venir (lié aux progrès de la médecine par exemple).

Pour une année de calcul en 2018 :

- Si la mortalité donnée par la table TGH05 est de 10% en 2019, nous retenons une mortalité corrigée de 9% ;
- Si la mortalité d'origine est de 20% en 2025, nous retenons 18,8% (= 20% x (1 – 6 x 1%)).

Voici comment évolue l'abattement de la mortalité dans les années à venir :

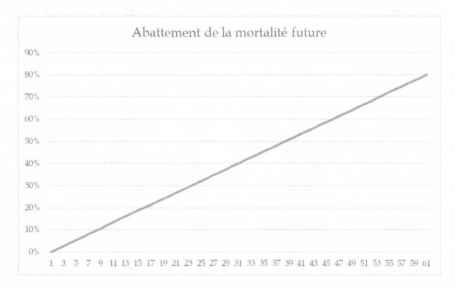

Dans 60 ans, je suppose donc que la mortalité sera 4 fois inférieure à la mortalité prédite aujourd'hui. Cela peut vous sembler élevé : j'ai consciemment pris un cas extrême de sous-mortalité.

L'écart entre l'espérance de vie corrigée et d'origine se présente ainsi :

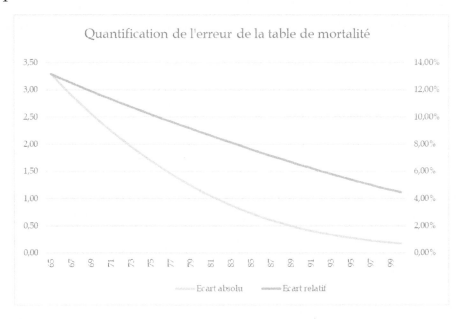

Comme on pouvait s'y attendre, plus le crédirentier est jeune, plus l'écart est important car les abattements les plus forts se situent dans un avenir éloigné.

L'espérance de vie corrigée est 13 % inférieure à l'espérance de vie d'origine à 65 ans. Elle diminue en fonction de l'âge du crédirentier et est 6 % inférieure à 90 ans. Pour les âges très élevés (supérieurs à 100 ans), l'écart est proche de 0 %.

En conclusion, un allongement de l'espérance de vie non prédit par les tables de mortalité n'a pas une conséquence financière importante à partir du moment où le vendeur du viager n'est pas trop jeune.

La différence entre l'écart absolu et l'écart relatif

Je propose d'illustrer les deux concepts développés dans ce chapitre avec une étude statistique sur la table TGH05 :

- Le risque d'un crédirentier jeune : L'écart relatif est faible mais l'écart absolu est élevé ;
- Le risque d'un crédirentier âgé : L'écart absolu est élevé et l'écart relatif est faible.

Par écart, vous devez comprendre « erreur », c'est-à-dire la différence entre la durée de vie réelle du crédirentier et son espérance de vie théorique qui est une moyenne statistique.

Je trace le graphique de l'intervalle de confiance à 80%[5] de l'espérance de vie d'un crédirentier en fonction de son âge.

---

[5] L'intervalle de confiance à 80% donne les bornes (inférieure et supérieure) dans lesquelles la durée de vie réelle du crédirentier a une chance sur cinq de se situer finalement.

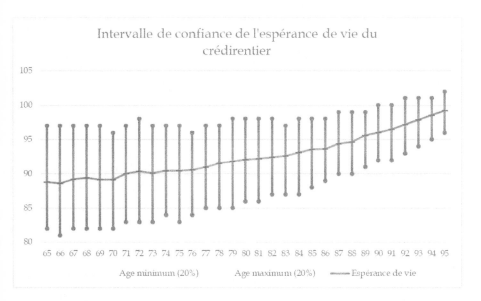

Intervalle de confiance de l'espérance de vie du crédirentier

Age minimum (20%)   Age maximum (20%)   ━━━ Espérance de vie

Voici les remarques intéressantes du graphique (plus ou moins évidentes mais il est utile de les rappeler) :

- Plus le crédirentier est vieux, plus son âge de décès est élevé mais plus sa durée de vie est faible ;
- Plus le crédirentier est vieux, plus les longévités exceptionnelles sont fréquentes ;
- L'espérance de vie du crédirentier de moins de 90 ans est plafonnée aux alentours de 97 ans (on voit clairement ce plafond sur le graphique). **Passé 90 ans, la probabilité que le crédirentier devienne centenaire augmente fortement. Ce phénomène s'explique par le fait que les personnes très âgées qui vivent au-delà de 90 ans sont les plus « robustes » et peuvent encore vivre longtemps.**

Pour plus de visibilité, je présente le tableau des valeurs de l'étude ainsi que les surestimations et les sous-estimations :

Age	Esp. de vie	Age minimum	Age maximum	Sur-estimation		Sous-estimation	
				Relatif	Abs.	Relatif	Abs.
65	89	82	97	34%	8	-29%	-7
66	89	81	97	37%	8	-34%	-8
67	89	82	97	35%	8	-32%	-7
68	89	82	97	35%	8	-35%	-7
69	89	82	97	39%	8	-35%	-7
70	89	82	96	36%	7	-37%	-7
71	90	83	97	36%	7	-37%	-7
72	90	83	98	42%	8	-40%	-7
73	90	83	97	40%	7	-42%	-7
74	90	84	97	40%	7	-39%	-6
75	90	83	97	43%	7	-48%	-7
76	91	84	96	38%	5	-45%	-7
77	91	85	97	43%	6	-43%	-6
78	92	85	97	40%	5	-48%	-7
79	92	85	98	49%	6	-53%	-7
80	92	86	98	49%	6	-50%	-6
81	92	86	98	52%	6	-55%	-6
82	92	87	98	54%	6	-52%	-5
83	93	87	97	46%	4	-58%	-6
84	93	87	98	54%	5	-67%	-6
85	94	88	98	52%	4	-65%	-6
86	94	89	98	57%	4	-61%	-5
87	94	90	99	63%	5	-59%	-4
88	95	90	99	65%	4	-70%	-5
89	96	91	99	51%	3	-70%	-5
90	96	92	100	66%	4	-67%	-4
91	96	92	100	64%	4	-82%	-4

92	97	93	101	74%	4	-81%	-4
93	98	94	101	65%	3	-79%	-4
94	99	95	101	55%	2	-78%	-4
95	99	96	102	65%	3	-76%	-3

Le tableau nous donne l'espérance de vie à 65 ans : 89 ans. Dans 80% des cas, l'espérance de vie réelle ne dépassera pas 97 ans. Ce qui signifie que l'erreur sur l'espérance de vie est de 34% ou 8 ans.

A 95 ans, l'espérance de vie est de 99 ans. Dans 95% des cas, l'espérance de vie ne dépassera pas 107 ans. L'erreur sur l'espérance de vie est donc de 65% ou 3 ans.

En conclusion de l'étude, lorsque le vendeur est jeune, le risque d'erreur se matérialise par une durée de paiement des rentes plus longue qu'anticipée (mais le surcoût reste acceptable relativement au montant à renter). Cela sera également préjudiciable pour le débirentier qui ne pourra pas récupérer le logement toujours occupé par le crédirentier.

Lorsque le vendeur est âgé, le risque d'erreur porte sur un surcoût très important relativement au capital à renter. Cependant, la durée de paiement des rentes et d'occupation du logement sera statistiquement plus faible.

La vérité sur une fausse croyance

La plupart des gens pensent que plus une personne est âgée, plus elle décèdera « jeune ». Autrement dit, une personne de 70 ans aura davantage de chances de vivre plus longtemps qu'une personne de 90 ans.

Bien qu'il soit incontestable que la personne de 90 ans va probablement décéder avant la personne de 70 ans, cette dernière va cependant certainement vivre moins longtemps que la personne âgée de 90 ans bien que l'évolution de la qualité de vie (médecine, assistance, etc.) avantage la personne la plus jeune.

Ce que l'on oublie souvent, c'est que la personne qui a 90 ans a déjà vécu entre 70 et 90 ans. Par conséquent, elle se retrouve largement avantagée puisqu'elle ne pourra pas décéder entre 70 et 90 ans... J'espère que vous me suivez toujours !

La table de mortalité TGH05 tient compte de l'allongement de la durée de vie humaine et donne les résultats suivants :

- Espérance de vie d'un homme à 70 ans : 92 ans.
- Espérance de vie d'un homme à 90 ans : 97 ans.

Les résultats illustrent ce que disent bien souvent les spécialistes du viager : plus une personne est âgée, plus elle a de chances de devenir centenaire.

En reprenant la même table de mortalité que précédemment, nous pouvons tracer la probabilité qu'un homme soit centenaire en fonction de son âge initial :

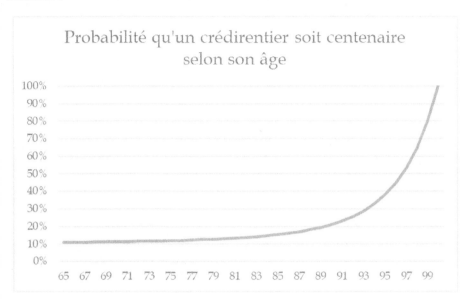

Probabilité qu'un crédirentier soit centenaire selon son âge

Deux phénomènes intéressants ressortent de ce graphique :

- Comme je l'ai expliqué précédemment, une personne plus âgée aura plus de chances de vivre longtemps qu'une personne plus jeune ;
- La probabilité explose littéralement à partir d'un certain seuil : environ 90 ans. Avant 90 ans, l'âge a peu d'impact sur le fait que le crédirentier devienne centenaire ou non. **J'insiste sur le fait qu'une personne très âgée (plus de 90 ans) a franchi un « seuil » et peut plus facilement connaître une longévité exceptionnelle.**

A quel âge acheter en viager ?

Cette question m'est beaucoup moins posée par les acheteurs que par les vendeurs. Elle est pourtant capitale pour gérer le risque du viager. Le décès prématuré de l'acheteur aura des conséquences financières sur le patrimoine qu'il laissera mais également sur les rentes futures du crédirentier.

Si le débirentier venait à décéder avant le crédirentier, le contrat viager entrerait dans la succession. Les héritiers devraient donc payer les rentes futures au crédirentier. Cependant, rien ne les empêcherait de revendre le viager (ou pire, de renoncer au viager et de ne pas pouvoir récupérer les sommes versées par le débirentier décédé). L'acheteur peut également souscrire à une assurance prévoyance décès et ajouter une clause de rachat des rentes du viager : en cas de décès, les héritiers pourront solder la dette restante. Ce type d'assurance coûte quelques dizaines d'euros par mois (en fonction du capital assuré, de l'état de santé et de l'âge de l'acheteur), il serait dommage de s'en priver !

Dans tous les cas, la plupart des professionnels vous recommandent une génération d'écart. Cette affirmation reste floue si on est dans l'incapacité de quantifier le nombre d'années d'une génération.

L'écart d'âge entre le vendeur et l'acheteur : enfin une étude chiffrée !

Afin de répondre à cette question, j'ai calculé la probabilité que l'acheteur décède avant le vendeur. Les résultats étant aussi nombreux que le nombre de crédirentiers (âge, sexe...), j'ai donc stipulé dans cette étude que l'acheteur et le vendeur sont des hommes (les conclusions sont identiques pour les femmes). L'impact a été quantifié pour un acheteur de 40 à 60 ans, avec des pas de 5 ans.

La table de mortalité retenue est la table générationnelle TGH05.

Acheteur de 40 ans	
Age du vendeur	Probabilité que l'acheteur décède avant le vendeur
45	32,45%
50	19,77%
55	11,49%
60	6,73%
65	4,05%
70	2,49%
75	1,53%
80	0,91%
85	0,52%
90	0,29%
95	0,17%

Acheteur de 45 ans	
Age du vendeur	Probabilité que l'acheteur décède avant le vendeur
50	32,50%
55	19,88%
60	11,64%
65	6,82%
70	4,08%
75	2,48%
80	1,48%
85	0,86%
90	0,49%
95	0,28%

Acheteur de 50 ans	
Age du vendeur	Probabilité que l'acheteur décède avant le vendeur
55	32,54%
60	19,98%
65	11,68%
70	6,81%
75	4,04%
80	2,38%
85	1,39%
90	0,79%
95	0,45%

Acheteur de 55 ans	
Age du vendeur	Probabilité que l'acheteur décède avant le vendeur
60	32,60%
65	19,97%
70	11,64%
75	6,74%
80	3,88%
85	2,25%
90	1,32%
95	0,78%

Acheteur de 60 ans	
Age du vendeur	Probabilité que l'acheteur décède avant le vendeur
65	32,41%
70	19,71%
75	11,37%
80	6,34%
85	3,51%
90	1,94%
95	1,10%

On observe globalement que la probabilité que l'acheteur décède avant le vendeur plus âgé de 20 ans est de l'ordre de 5%.

En conclusion, l'acheteur a 95% de chance de survivre à son vendeur si ce dernier a au moins 20 ans de plus que lui.

Au-delà d'un écart de 35 ans, le risque devient minime : environ 1%.

Afin de minimiser les risques, je vous conseille de respecter un écart d'au moins 25 ans entre l'acheteur et le vendeur.

Je prépare ma transaction en viager

La prospection d'un viager

Qu'il s'agisse d'une vente ou d'un achat de bien en viager, il est indispensable d'établir :

- Dans le cas d'une vente, le type de bien immobilier, le prix du bien, la situation géographique et la surface du bien immobilier.
- Dans le cas d'un achat, le type de viager recherché (libre ou occupé), l'âge du vendeur, le prix, la situation géographique et la surface du bien immobilier.

L'inventaire des besoins effectué, il est préférable d'avoir recours à des agences immobilières spécialisées pour la suite du processus.

Lors d'un achat, ces agences immobilières vous guident dans vos recherches, vous prodiguent des conseils en ce qui concerne les démarches administratives et fiscales mais interviennent également lors des négociations. Pour aller plus loin, vous pouvez signer un mandat de recherche auprès de ces agences. Vous leur donnez une forme de procuration les autorisant à mener toutes les démarches en votre nom.

Néanmoins, ce document ne doit pas obligatoirement donner des droits exclusifs à une seule agence. Cela vous permettra ensuite de vous tourner vers d'autres professionnels et même de continuer les recherches personnellement pour élargir votre champ de recherche.

Lors d'une vente, les agences immobilières spécialisées seront très utiles pour l'estimation du bien, trouver d'éventuels acheteurs plus rapidement mais également suivre votre dossier jusqu'à son aboutissement. Comme pour un achat, n'accordez pas forcément l'exclusivité du mandat de recherche à l'agence choisie afin de pouvoir maximiser vos chances de vente. En revanche, ne mettez pas votre bien immobilier dans toutes les agences que vous trouverez. Cela aura pour conséquence de démotiver les agents immobiliers qui, face à la concurrence de leurs confrères, finiront par ne plus présenter votre logement à des acquéreurs potentiels !

Vous pouvez également passer par les annonces viagères. On les retrouve un peu partout (magazines, journaux...). Quelquefois, elles sont même proposées par des agences immobilières spécialisées. Mais il faudra être vigilant car la fiabilité de ces annonces est entachée par de nombreuses arnaques. Visitez vous-même les lieux avant de signer une promesse de vente ou un quelconque document, toujours en présence d'un notaire. Il se portera garant de la transparence de la transaction.

Déterminer le prix de vente du viager

Le prix de vente d'un logement, c'est-à-dire sa valeur vénale, est déterminé de la même manière pour un achat « classique » ou un viager.

Ce prix de vente doit être déterminé de manière sérieuse et honnête afin de protéger l'intérêt des deux parties. Le vendeur ne doit pas être lésé. L'acheteur ne doit pas s'exposer à un risque de nullité du contrat dans le cas où le vendeur ou ses héritiers venai(en)t à contester le bien-fondé de l'opération.

Les principaux critères d'évaluation d'un bien immobilier sont les suivants :

- la superficie ;
- le nombre de pièces ;
- son emplacement : location, quartier ;
- son état : refait à neuf, travaux à réaliser, etc. ;
- la disposition du bien : orientation, étage ou rez-de-chaussée, etc. ;
- les annexes : parking, box, cave, balcon, etc. ;
- les services : gardien, etc.

Il peut être intéressant, pour l'acheteur comme pour le vendeur, d'évaluer dans un premier temps la valeur du bien immobilier avec des outils en ligne :

- Meilleurs Agents : www.meilleursagents.com
- La Cote Immo : www.lacoteimmo.com
- Leboncoin : www.leboncoin.fr

- PAP : www.pap.fr
- Seloger : www.seloger.fr

Meilleurs Agents propose un simulateur pour obtenir en quelques clics la valeur estimée du bien immobilier. Celle-ci est fondée sur une base de données des transactions immobilières.

Pour les autres sites qui référencent des annonces en ligne, vous pouvez suivre la méthodologie suivante pour estimer vous-même la valeur de votre bien immobilier. Notez que plus le nombre de biens disponibles à la vente est élevé, plus cette méthode est fiable.

- Cherchez des logements similaires au vôtre selon les critères précédemment listés.
- Calculez le prix au mètre carré de chaque bien immobilier.
- Eliminez les valeurs extrêmes : les biens ayant un prix au mètre carré le plus élevé et le plus faible.
- Calculez le prix au mètre carré moyen à partir des logements restants.
- Appliquez ce ratio à la superficie de votre logement.

Comme pour une vente classique, n'hésitez pas à contacter un professionnel, comme un agent immobilier, afin d'estimer la valeur de votre bien. Cela sera plus pertinent si le logement est atypique ou situé dans une zone avec un faible nombre de transactions.

Sachez que les notaires ont accès à la base de données des transactions et pourront vous aider à affiner la valeur de votre immobilier.

Enfin, le gouvernement a mis à disposition des contribuables un outil en ligne permettant d'obtenir à la demande les transactions des biens immobiliers. Cet outil est accessible depuis votre compte en ligne sur le site www.impots.gouv.fr, rubrique « données publiques » et « Rechercher des transactions immobilières pour m'aider à estimer mon bien ». Je trouve cet outil puissant dans le sens où vous pouvez obtenir un large historique des transactions immobilières de votre quartier (à condition que votre logement se trouve dans une zone où les transactions sont nombreuses).

Vous pouvez également utiliser l'application Etalab qui resence toutes les transactions immobilières : https://app.dvf.etalab.gouv.fr/

Fixer la valeur du bouquet

La valeur du bouquet est librement fixée entre les parties. La valeur généralement retenue sur le marché se situe entre 10% et 40% de la valeur vénale du logement.

La détermination de ce montant est principalement motivée par les intérêts du crédirentier (vendeur) :

- Souhait de disposer d'une somme importante immédiatement pour faire une donation (à ses enfants par exemple) ;
- Plus le vendeur est âgé, plus le bouquet est censé être élevé. Les rentes risquent en effet d'être insupportables financièrement pour l'acheteur ;
- Si le logement constitue la résidence principale du vendeur, il sera exonéré d'impôt sur le bouquet (contrairement aux rentes). Il peut donc avoir un intérêt fiscal à demander un plus gros bouquet.

L'acheteur peut néanmoins négocier le montant du bouquet, dans son propre intérêt :

- L'acquéreur souhaite ou ne peut pas apporter un tel montant dans l'opération ;
- Baisser le montant du bouquet fera mécaniquement augmenter le montant de la rente afin de conserver l'équilibre du contrat viager ;
- Il peut également demander une augmentation du prix du bouquet afin de diminuer l'aléa du contrat (et donc le risque). En effet, le solde sera converti en rente, ce qui constituera la partie aléatoire du contrat viager.

Le calcul de la rente viagère

Comme je l'ai déjà précisé, le Code civil permet de fixer librement le montant de la rente viagère entre les parties. En revanche, afin d'obtenir un contrat juste et équitable,

51

la rente répond à un calcul statistique. Cependant, les résultats peuvent varier d'un professionnel à l'autre.

Je vous conseille de faire intervenir un professionnel spécialisé dans le viager afin d'obtenir une évaluation fiable de la rente viagère. En effet, il n'est pas rare que des vendeurs ou des acheteurs qui passent de particulier à particulier se réfèrent à des espérances de vie ou barèmes sur Internet sans en comprendre le fonctionnement.

Selon moi, c'est une grave erreur car l'approximation de la rente peut générer des écarts de l'ordre du millier d'euros, voire de la dizaine de milliers d'euros.

Un spécialiste doit avoir la capacité de vous donner la table de mortalité de référence utilisée dans le barème ainsi que le taux d'actualisation. Gage de son sérieux, il devra vous fournir les hypothèses utilisées pour le calcul. Si votre interlocuteur n'est pas en mesure de vous fournir ces données, passez votre chemin…

Vita Pecunia, société indépendante dans le viager immobilier peut vous accompagner dans l'évaluation de votre viager.

Le calcul de la rente viagère ne sera pas plus développé dans ce chapitre car une partie entière y est consacrée plus loin dans ce livre.

Informer ses proches de la transaction

Bien que tout propriétaire en capacité de contracter puisse vendre son bien en viager, il est recommandé d'en parler à son entourage, notamment les héritiers directs ou indirects, afin que la démarche du vendeur soit comprise et éviter de vives tensions au sein de la famille.

En effet, la vente en viager pourrait être perçue comme un acte de déshéritage par certains proches du crédirentier. Ces derniers doivent donc comprendre la motivation de la vente et sa nécessité pour le vendeur.

Vendre en viager peut facilement se comprendre :

- Le sénior qui n'a que sa résidence principale comme patrimoine pourra percevoir des revenus de son vivant et éviter de léguer un bien sur lequel ses enfants devront payer des frais de succession (somme qu'ils n'auront peut-être pas) ;
- Le viager permet de protéger le conjoint grâce à la réversion de la rente ou la perception du bouquet ;
- Vendre en viager assure une indépendance financière au sénior : ses enfants n'auront pas besoin de financer ses vieux jours ou son éventuelle dépendance (très coûteuse).

La sélection du candidat à l'acquisition

Quels sont les meilleurs profils ?

L'offre étant plus forte que la demande dans certaines régions, les crédirentiers peuvent parfois être découragés et vendre leur logement sans veiller à la solvabilité du débirentier acquéreur.

Le plus gros risque pour le vendeur d'un viager est de se retrouver avec un débirentier qui ne paie plus ses rentes.

Le crédirentier devra donc privilégier un acquéreur avec une profession aux revenus élevés et stables ou travaillant dans la fonction publique.

Se protéger du défaut de l'acheteur

Si la situation financière de l'acquéreur ne semble pas suffisante aux yeux du vendeur, celui-ci peut se couvrir de plusieurs manières contre le risque de défaut.

Le vendeur peut ainsi demander à l'acheteur :

- la clause de privilège du vendeur ;
- la clause résolutoire (très fortement conseillée, obligatoire selon moi !) ;
- une caution bancaire ;
- la caution d'une personne physique (par un proche par exemple) ;
- ou tout simplement demander un bouquet ou un taux technique de la rente plus élevé.

La signature du contrat viager

Comme n'importe quelle vente immobilière, la transaction d'un viager se décompose en deux étapes :

- la signature d'un avant-contrat,
- la signature de l'acte authentique.

L'avant-contrat peut être formalisé entre les deux parties sans la présence d'un notaire. Cependant, je ne peux que vous recommander d'être accompagné par un notaire pour la rédaction et la signature de ce document. **Notez que vous pouvez même avoir un notaire différent du vendeur ou de l'acheteur.** Pour moi, cela est indispensable pour protéger chacune des parties. N'ayez pas d'inquiétudes, cet accompagnement ne vous coûtera pas plus cher et permettra de sécuriser la transaction. Si possible, faites-vous aider par un notaire qui a l'habitude de réaliser des transactions en viager.

Vous pouvez vous procurer un modèle de compromis de vente sur le site de Vita Pecunia (voir la catégorie « Nos produits et services »).

Le notaire

Un notaire est un représentant mais aussi un garant du respect de la loi. Il est indispensable à toute transaction immobilière quelle que soit sa nature.

Dans le cas d'une vente viagère, le notaire joue principalement un rôle d'arbitre entre le vendeur et l'acheteur. Il intervient lors de la signature des documents (promesse de vente, contrat de vente...). Il peut également prodiguer des conseils aux différentes parties, surtout dans les domaines juridique et fiscal. Ainsi, avant la vente proprement dite, le notaire peut jouer le rôle des agences immobilières spécialisées. Au moment de la vente, il assure la sécurité du transfert du bien immobilier du vendeur à l'acheteur. Son rôle consiste à vérifier :

- l'origine de la propriété,
- la situation hypothécaire du bien mis en vente,
- les servitudes conventionnelles,
- les règles d'urbanisme qui peuvent être appliquées,
- la capacité de vendre et d'acheter des deux parties.

D'autre part, il s'occupe de l'enregistrement de la vente auprès du bureau des hypothèques, de la taxe sur la valeur ajoutée et de l'impôt sur les plus-values. Il peut éventuellement se charger de la succession du viager.

L'avant-contrat

La vente en viager suit les mêmes règles que celles d'une vente immobilière classique, avec quelques différences comme :

- les modalités de paiement ;
- l'éventuelle conservation d'un droit sur le bien par le crédirentier (usufruit ou DUH).

La promesse de vente dresse les conditions d'occupation du bien, le montant de la rente viagère, le paiement ou non d'un bouquet, le mode de paiement et la répartition des charges et diverses taxes. Il faut savoir que le bouquet est facultatif. Il est librement fixé entre le vendeur et l'acheteur et peut donc être nul. La promesse de vente est signée en prélude de la vente et ne peut être considérée effective de la vente que passé un délai de huit jours à compter du moment de la signature de la promesse. Avant ce délai, l'une des deux parties peut annuler la vente. Je précise que la promesse de vente ne nécessite pas que tous les documents soient en règle.

En revanche, il est important de rien oublier dans le compromis de vente et notamment les clauses indispensables (voir les pages suivantes).

Pour l'avant-contrat, il sera généralement demandé un acompte de 10% à l'acquéreur qui sera viré sur le compte de l'étude du notaire du vendeur. **Ce montant est négociable par l'acheteur (et peut être nul).**

L'acte authentique

Enfin ! Le grand jour est arrivé pour l'acheteur et le vendeur. La date de signature a été notifiée par le notaire qui convoque les deux parties. Seront présents à l'acte l'acheteur, le vendeur, le notaire (ou les notaires si chaque partie a pris son notaire) et l'agent immobilier si la vente a été faite par l'intermédiaire d'un professionnel.

La période entre l'avant-contrat et l'acte authentique a permis au notaire de procéder aux vérifications, notamment si le vendeur est bien le propriétaire du bien, que l'État n'a pas usé de son droit de préemption (l'État est prioritaire dans l'achat du logement), que les droits d'urbanisme sont respectés, etc. Ce rendez-vous est donc l'occasion pour le notaire de rappeler les droits et obligations de chaque partie et de répondre aux éventuelles questions.

Le contrat de vente (ou acte de vente ou acte authentique) reprend les mêmes modalités que celles du compromis précédemment signé. Y sont rajoutés l'âge du vendeur, le prix du bien et celui de la rente viagère. Contrairement à la promesse de vente, la signature d'un contrat de vente nécessite obligatoirement les documents suivants :

- un titre de propriété complet qui retrace l'historique du bien mis en vente ;
- un droit de préemption de la mairie si le bien immobilier est concerné (autrement dit si le bien occupe un domaine public) ;
- en cas de copropriété, le règlement de la copropriété, les procès-verbaux des assemblées

générales, le carnet d'entretien et l'indication de la superficie au sein de la copropriété ;
- les diagnostics techniques obligatoires ;
- les documents d'identité des deux parties ;
- les documents prouvant la solvabilité de l'acheteur tels que la fiche de paie ;
- les bulletins de paie ;
- une attestation d'employeur.

Il est fortement recommandé de signer cet acte en présence d'un notaire qui garantira la transparence de la transaction.

Le droit de rétractation de l'acquéreur

Un acheteur non professionnel d'un logement dispose d'un délai de 10 jours pour renoncer à son achat. Il n'aura pas de justification à apporter et l'intégralité des fonds qu'il aura pu avancer lui sera restituée, y compris ceux destinés à financer les honoraires du notaire, dans un délai de 21 jours à compter du lendemain de la date de rétractation (article L. 271-2 du Code de la Construction et de l'Habitation). Si l'acquéreur décide d'user de son droit de rétractation, il devra faire parvenir une lettre relatant sa volonté de ne pas donner suite à son achat. Ce document devra être envoyé par lettre recommandée avec accusé de réception au notaire.

Ce délai de 10 jours court à compter du lendemain de la présentation au domicile de l'acheteur de la lettre recommandée contenant une copie de l'avant-contrat signé par les parties.

J'insiste sur le fait que cet ouvrage est consacré aux biens immobiliers à destination de l'habitation. Le droit de rétractation est différent pour les autres types de biens immobiliers, comme les locaux professionnels.

Les clauses indispensables à ajouter dans votre contrat !

Il existe des clauses spécifiques au viager qui permettent de protéger les parties prenantes au contrat. J'énumère et explique les plus importantes dans ce chapitre.

La clause de libération anticipée du logement

Si la vente concerne un viager avec réserve du DUH, les parties doivent imaginer le cas où le vendeur libère son logement avant son décès. Cela est généralement le cas lorsque la dépendance de celui-ci l'oblige à rejoindre une maison de retraite. Il est important de spécifier les conséquences sur l'occupation du logement et l'impact financier sur les rentes viagères.

Le notaire devra insérer une clause « d'abandon de son droit d'usage et d'habitation exclusif ». Elle implique généralement une majoration de la rente qui est dégressive selon la date du départ. Par exemple :

- 45% si le départ a lieu durant les 5 premières années ;
- 35% entre la 5ème et la 8ème année ;
- 25% entre la 8ème et la 12ème année ;
- 15% au-delà.

Si cette clause est rédigée dans le contrat, elle ne sera pas optionnelle. Elle devra s'appliquer et sera irrémédiable. Par conséquent, le vendeur ne pourra pas retourner dans son logement. L'acheteur devra, quant à lui, supporter la hausse de la rente viagère.

La clause de privilège du vendeur

La clause de privilège du vendeur est une garantie insérée dans le contrat viager. Elle permet au vendeur de faire saisir le bien immobilier si l'acheteur ne paie pas les rentes. Le logement sera ainsi saisi et vendu aux enchères. Les procédures sont assez longues : le vendeur doit s'adresser à un huissier puis obtenir un jugement en sa faveur au tribunal de grande instance. Notez que cette procédure est complexifiée si le vendeur occupe le viager. **Je vous conseille de retenir plutôt la clause résolutoire.**

La clause résolutoire

La clause résolutoire a pour vocation de protéger le vendeur. Il s'agit d'une alternative au privilège du vendeur. Si la clause résolutoire s'active, le vendeur peut invoquer l'annulation de la vente. Les conditions retenues sont les rentes impayées ou des charges lui incombant non assumées par l'acheteur.

La clause résolutoire doit spécifier la restitution sur les sommes déjà versées (bouquet et rentes). Il est couramment retenu qu'en cas de défaut de la part du débirentier, le crédirentier conserve l'intégralité des sommes déjà versées.

Enfin, pour éviter que la clause ne s'active au premier retard de paiement, il est recommandé d'ajouter une flexibilité sur le retard : par exemple, à partir du troisième retard de paiement.

Notez également que le vendeur peut exiger d'insérer une clause de majoration des rentes payées en retard. La majoration peut être appliquée au taux légal.

La clause de substitution

L'acquéreur peut acheter le viager en compte propre ou par le biais d'une société, comme une SCI (Société Civile Immobilière). Dans ce dernier cas, l'acquéreur devra demander une clause de substitution dans l'avant-contrat afin de signer en son nom l'avant-contrat, puis signer au nom de la SCI lors de la signature de l'acte authentique.

Le partage des travaux

Afin d'éviter toute ambiguïté, l'acheteur et le vendeur devront convenir de la répartition des charges de travaux et d'entretien du logement (et des parties communes si le bien est en copropriété). Pour plus d'informations, je vous conseille de consulter la section dédiée plus loin dans ce livre.

La clause de rachat des rentes

Cette clause est très peu connue. **Elle peut se montrer pourtant très utile au débirentier et lui faire économiser beaucoup d'argent (et éviter de nombreuses nuits blanches !).**

La clause de rachat des rentes permet à l'acheteur de « solder » sa dette envers le vendeur et ainsi arrêter de payer ses rentes viagères.

Si le crédirentier refuse le versement d'un capital à la place de ses rentes viagères, l'acheteur peut passer par un organisme financier, comme la CNP, pour racheter les rentes. L'organisme calculera le capital constitutif qui lui sera versé par le débirentier puis se chargera de payer les rentes au crédirentier.

Les modalités de la clause de rachat des rentes doivent être précisées dans le contrat de vente.

La réversibilité de la rente

La réversibilité d'une rente est sa capacité à pouvoir être transférée au conjoint en cas de décès d'un des vendeurs. Cette faculté fonctionne à la condition que le vendeur soit un couple : la rente est ainsi souscrite sur deux têtes pour un bien leur appartenant.

La réversibilité est possible sur la totalité du montant de la rente ou sur une partie. Un choix stratégique peut être réalisé par le couple vendeur afin de mieux répartir le montant de la rente selon les différents scénarios :

- vie du couple ;
- vie du premier conjoint, décès du second ;
- décès du premier conjoint, vie du second.

Sachez que les réversions sont très flexibles. Le couple vendeur peut tout à fait imaginer une réversion de la sorte :

- si Madame décède, Monsieur bénéficie d'une réversion de la rente à 60% (réversion partielle) ;
- si Monsieur décède, Madame bénéficie d'une réversion de la rente à 100% (réversion totale).

La seule limite à ce type de scénario est de trouver un professionnel compétent pour réaliser ce calcul.

La réversion totale de la rente

La réversibilité totale de la rente implique une réversion à 100% de la rente. L'acheteur continuera donc à verser le même montant de rente après le décès d'un des deux conjoints.

La réversion partielle de la rente

La réversion partielle permet de diminuer le montant de la rente après le décès d'un des conjoints. L'utilité d'une réversion partielle est de pouvoir adapter les besoins du couple ou du conjoint survivant. En effet, un couple aura un besoin financier supérieur à une personne seule.

Toutes choses étant égales par ailleurs, la principale différence d'un montage avec une réversion totale et une réversion partielle est que le montant de la rente de la réversion partielle est supérieur avant le décès du premier conjoint par rapport à une réversion totale. Il sera néanmoins inférieur après le décès du premier conjoint.

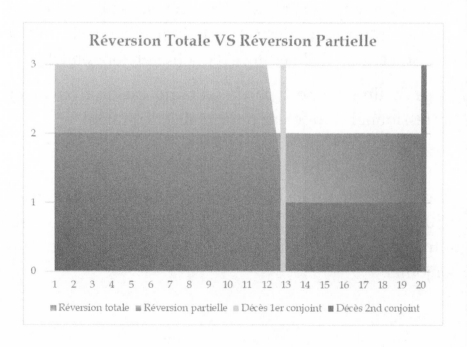

Notez qu'il est possible de différencier le taux de réversion selon le conjoint qui décède en premier. Par exemple, il est donc envisageable de retenir :

« La rente diminue de 30% si Monsieur décède en premier ou de 40% si c'est Madame qui s'éteint la première »

La mortalité d'un homme étant différente de celle d'une femme, je précise que la rente initiale sera différente de celle du scénario suivant :

« La rente diminue de 30% si Madame décède en premier ou de 40% si c'est Monsieur qui s'éteint le premier »

La clause de réversion

Si les vendeurs souhaitent une réversion de la rente, la clause de réversion doit être écrite dans le contrat de vente.

En effet, en l'absence d'une telle clause :

- si le logement appartient en propre au conjoint décédé, la rente s'éteint et l'acheteur n'est plus tenu de payer la rente au conjoint survivant ;
- si le logement appartient au couple, la rente est diminuée en proportion de la quote-part correspondant au conjoint décédé.

La réversion n'est donc pas de droit commun et doit être écrite dans le contrat de vente si celle-ci est demandée par l'une des parties (généralement le vendeur car dans son intérêt).

<u>Exemple de rente partielle :</u>

Le couple vendeur peut convenir que si l'un des deux conjoints décède, le conjoint survivant n'aura besoin que de 60% de la rente initiale pour vivre.

Si les deux conjoints sont âgés de 70 ans, un barème viager pourrait nous donner un taux de rente de 5,3% pour ce type de contrat. Le même barème nous donne un taux de rente de 4,8% pour une réversion totale de la rente.

Pour information, le taux de rente permet de convertir un capital en rentes viagères. Si le capital est de 100 et le taux de rente de 5%, les rentes annuelles seront de 5 (100 x 5%).

Si on retient une référence à 100 pour la rente en réversion totale :

- Réversion totale :
    - le couple est en vie : rente de 100 ;
    - Madame est en vie, Monsieur est décédé : rente de 100 ;
    - Madame est décédée, Monsieur est en vie : rente de 100.
- Réversion partielle :

- le couple est en vie : rente de 110 ;
- Madame est en vie, Monsieur est décédé : rente de 66 ;
- Madame est décédée, Monsieur est en vie : rente de 66.

Après la signature du viager

La revalorisation de la rente

Pour éviter que le pouvoir d'achat du vendeur ne se dégrade année après année, il est généralement prévu au contrat une clause d'indexation de la rente. **En l'absence de cette clause, une majoration légale forfaitaire s'applique**.

Le délai de prescription en terme d'arrérage est de 5 ans. Si l'acheteur ne revalorise pas la rente selon les termes du contrat (ou même, ne la verse pas en partie ou en totalité !) et que le vendeur ne se manifeste pas, ce dernier pourra exiger une régularisation seulement sur les 5 dernières années.

Le choix de l'indice

L'acheteur et le vendeur sont libres de choisir l'indice qu'ils souhaitent. L'indice couramment retenu est l'indice mensuel des prix à la consommation (ensemble des ménages, hors tabac). Cet indice est publié mensuellement par l'INSEE.

Dans le contrat, il devra être précisé :

- l'indice ;
- la valeur de l'indice ;
- la date.

L'indice de référence est le dernier indice paru à la date de signature du contrat.

Chaque année, la rente sera revalorisée à partir de l'indice de l'année précédente et du même mois que la date de l'indice de référence.

Le calcul à réaliser à la date anniversaire du contrat est le suivant :

$$Rente_{N+1} = Rente_N \times \frac{Indice_{N+1}}{Indice_N}$$

<u>Exemple :</u>

L'acheteur et le vendeur signent le contrat de vente le 05 mai 2017. La rente est de 1 000€ par mois. L'indice de référence choisi est celui de mars 2017 et s'élève à 101,14. L'indice de mars 2018 est de 102,42. La rente revalorisée est donc de :

$$Rente_{N+1} = 1\,000 \times \frac{102,42}{101,14} = 1\,012,66€$$

L'indexation de plein droit

Si aucune clause d'indexation n'a été rédigée dans le contrat de vente, une indexation de plein droit s'applique. La majoration à appliquer dépend de la date de la vente et s'applique sur la rente d'origine (pas de multiplications successives pour calculer annuellement la nouvelle rente).

Les taux sont publiés au Journal Officiel (intitulé « arrêté portant sur la majoration de certaines rentes viagères »). A titre d'information, les taux au 01/01/2021 étaient les suivants (le tableau a été tronqué) :

Année de naissance de la rente	Revalorisation (en %)
...	...
2000	28,70
2001	26,70
2002	24,20
2003	22,40
2004	20,50
2005	18,20
2006	16,00
2007	14,20
2008	12,50
2009	11,20
2010	9,60
2011	7,80
2012	5,80
2013	4,50
2014	4,00
2015	3,90
2016	3,80
2017	2,80

2018	1,20
2019	0,20

La revalorisation pour évènement particulier

Le montant de la rente n'évolue, en principe, qu'annuellement et selon un indice défini dans le contrat de vente.

Pour un viager occupé, comme j'ai pu le conseiller, le crédirentier doit faire ajouter une clause de majoration de la rente pour libération anticipée du logement dans le contrat de vente.

Si le vendeur doit libérer les lieux pour entrer dans un établissement de santé ou une maison de retraite, le logement deviendra inoccupé. Il serait donc dommage que l'acheteur ne puisse pas en profiter, surtout qu'un logement inoccupé se dégrade plus rapidement.

En contrepartie de cette libération, la rente sera majorée (voir chapitre « La clause de libération anticipée du logement »), ce qui permettra, en partie, de prendre en charge la hausse des dépenses du vendeur avec son entrée en maison de retraite et de contribuer à l'équilibre du contrat de vente car l'acheteur renonce à ce moment-là à son DUH.

Le partage des travaux

La question de la répartition de la charge des travaux et de l'entretien du logement va se poser lorsque les premières dépenses devront être engagées. Les parties doivent anticiper la répartition de cette charge et l'inscrire dans le contrat viager.

Il n'existe pas officiellement de texte énumérant les droits et obligations de chaque partie. Il est donc indispensable que l'acheteur et le vendeur se mettent d'accord sur la répartition des travaux et l'entretien du logement.

Le viager avec conservation de l'usufruit

Si le vendeur conserve l'usufruit et qu'aucune disposition n'est écrite dans le contrat de vente, l'acheteur nu-propriétaire aura les grosses réparations à sa charge. Les travaux et entretiens restants sont à la charge exclusive du vendeur usufruitier. Je précise néanmoins que l'acheteur et le vendeur peuvent se mettre d'accord sur une répartition différente et l'écrire dans le contrat de vente.

Le viager avec conservation du DUH

Le viager occupé « classique » ne dispose pas non plus de textes permettant de connaître la répartition des travaux. En règle générale, l'entretien et les travaux de chaque partie sont calqués sur les rapports locatifs entre le locataire et le propriétaire.

Quelle est la définition des grosses réparations ?

Ces dépenses sont énumérées à l'article 606 du Code civil. Elles s'appliquent aux relations entre le nu-propriétaire et l'usufruitier mais rien ne vous empêche de préciser dans le contrat viager avec réserve de DUH que vous vous y référez. Il s'agit des réparations qui portent sur :

- les murs ;
- les voûtes ;
- les poutres ;
- les couvertures ;
- les murs de soutènement et de clôture.

Sachez que, par usage, les réparations qui portent sur la structure du logement sont à la charge du nu-propriétaire.

L'extinction du viager

Le décès du vendeur

La première raison de la fin d'un viager est principalement le décès du vendeur du viager. Dans ce cas, l'acheteur cesse de payer les rentes et devient pleinement propriétaire du logement si le vendeur avait conservé un droit sur celui-ci (comme l'usufruit ou le DUH).

La revente d'un viager

Les raisons qui poussent le débirentier à revendre son viager peuvent être nombreuses :

- difficultés financières ;
- arbitrage de son patrimoine ;
- le débirentier craint une longévité du crédirentier ;
- le débirentier décède et les héritiers revendent le logement ;
- autres…

Les formalités de la revente

Le débirentier n'est pas tenu à l'accord du crédirentier pour revendre son viager selon l'article 1960 du code civil.

Cependant, l'ancien débirentier est solidaire du paiement du nouvel acheteur. Par conséquent, si ce dernier est en défaut de paiement, le premier débirentier devra payer les rentes à sa place.

Il est important de préciser que les dispositions du contrat viager resteront inchangées, notamment au niveau du montant de la rente, Ce qui signifie notamment que le nouveau débirentier devra verser un unique bouquet à l'ancien débirentier lors du jour de la revente. Il versera ensuite directement les rentes au crédirentier.

On pourrait croire que la seule manière pour le débirentier de gagner de l'argent en revendant son viager est de capitaliser sur une hausse de l'immobilier.

Cela est vrai dans le cas d'un viager libre. En revanche, même si l'immobilier stagne ou baisse (dans une certaine mesure), le débirentier vendeur peut s'être enrichi, grâce à la mécanique du démembrement de propriété. En effet, la décote liée au DUH était plus forte que celle appliquée lors de la revente.

Sachant que l'espérance de vie du vendeur baisse de moins d'un an chaque année, le débirentier revendeur augmente le risque de perte si une grande partie de la valeur occupée du bien a été convertie en rentes (c'est-à-dire si le bouquet est faible).

Le nouveau débirentier doit poursuivre le versement de la rente viagère (**montant identique de la rente**), il faut dans un premier temps déterminer la nouvelle valeur occupée du bien puis retrancher le capital constitutif de la rente viagère pour obtenir le montant du bouquet. Le calcul est donc ici inversé.

Exemple :

Monsieur Ruiné a acheté un logement en viager à un crédirentier âgé de 75 ans. Lors de la vente, le barème viager nous donnait un taux de DUH de 45% et un taux

---

de rente de 9%. La valeur vénale du bien étant de 200 000€, le DUH était valorisé 45% x 200 000€ = 90 000€. La nue-propriété était donc de 110 000€ et a été financée par l'acquéreur avec un bouquet de 20 000€ et des rentes mensuelles de 675€ (=(110 000€ – 20 000€) x 9%/ 12).

Face à quelques difficultés financières, Monsieur Ruiné revend son viager 10 ans plus tard. Le crédirentier est à présent âgé de 85 ans. Le taux de DUH est alors de 30% et le taux de rente est de 14%.

Le DUH est donc évalué à présent à 200 000€ x 30% = 60 000€. La nue-propriété vaut ainsi 200 000€ - 60 000€ = 140 000€.

Monsieur Ruiné cède sa dette au nouvel acquéreur. Le capital constitutif des rentes est de 675€ x 12 / 14% = 57 860€.

Le bouquet exigé sera donc de 140 000€ - 57 860€ = 82 140€.

Durant 10 ans, Monsieur Ruiné a dépensé 20 000€ + 12 x 10 x 675€ = 101 000€.

Il a donc perdu 101 000€ - 82 140€ = 18 860€ si le bien immobilier ne s'est pas revalorisé sur 10 ans. Pour ne pas perdre d'argent, il faudrait que la valeur du bien se soit appréciée de 18 860€ (soit une hausse annuelle de moins de 1%, ce qui est très réaliste).

Imaginons maintenant que Monsieur Ruiné ait acheté le viager sans rente.

Il aurait donc payé un bouquet de 110 000€ qu'il revendra 60 000€ au nouveau débirentier. Sachant qu'il n'aura pas payé de rentes, son gain est donc de 50 000€. Même si l'immobilier a baissé de – 25% sur 10 ans, le revendeur n'aura pas perdu d'argent !

J'attire donc ici votre attention sur le fait qu'un viager avec un faible bouquet n'est pas toujours la meilleure solution pour un acheteur. Certes, ce type de viager est plus accessible si vous n'avez pas de gros capitaux mais, comme j'ai déjà pu le dire précédemment, il vous expose à plus de risques.

Le décès de l'acheteur

Le vendeur étant beaucoup plus âgé que l'acheteur, ce cas est rare. Il n'est pas impossible toutefois.

Les conditions du viager sont inchangées. Les héritiers deviennent propriétaires du bien immobilier et doivent payer les rentes au crédirentier.

Si les héritiers le souhaitent, ils peuvent revendre le viager ou racheter les rentes si une clause dans le contrat viager le permet.

Je conseille aux acheteurs de bien veiller à la présence de cette clause le jour de la signature et de souscrire à un contrat d'assurance prévoyance décès (surtout s'ils sont jeunes et en bonne santé : le coût ne sera que de quelques dizaines d'euros par mois). Si l'acheteur venait à décéder avant le vendeur, les héritiers seraient protégés et bénéficieront d'un capital pour mettre fin au paiement des rentes du viager.

Attention toutefois : si le viager est occupé, le sénior restera dans le logement jusqu'à son décès (le viager se transformera simplement en « viager sans rente »).

En l'absence de ces précautions, l'héritier peut renoncer à l'héritage. Il ne sera pas tenu de payer les rentes. Évidemment, il ne sera pas non plus propriétaire du bien en question et du reste du patrimoine du défunt.

Si vous êtes acheteur et souhaitez mettre en place une solution pour protéger vos proches, nous mettons en place des assurances spécialisées. Contactez-nous pour un bilan gratuit.

La fiscalité du viager

La fiscalité et les frais à l'achat

Une vente immobilière génère des frais d'acquisition. Ces frais sont réglés au notaire et financent :

- les taxes dues à l'Etat ou aux collectivités locales ;
- les honoraires du ou des notaires pour rémunérer leur travail (les émoluments proportionnels).

Lors de la vente, le notaire utilise des barèmes pour calculer une estimation des frais. Les frais réels ne seront connus que bien après publication de l'acte de vente au Service de la publicité foncière (de plusieurs mois à plus d'un an). A ce moment-là, une régularisation sera faite par le notaire, généralement en faveur de l'acheteur.

Les émoluments proportionnels du notaire

Le notaire est rémunéré selon un barème dégressif sur le prix de vente. Au 01/01/2021, il était le suivant :

- 3,870% TTC jusqu'à 6 500€ ;
- 1,596% TTC de 6 501€ à 17 000€ ;
- 1,064% TTC de 17 001€ à 60 000€ ;
- 0,799% au-delà de 60 000€.

Vous pouvez vous aider de cet outil en ligne mis à disposition par les Notaires de France : https://www.immobilier.notaires.fr/fr/frais-de-notaire.

Il vous permettra d'avoir une idée assez précise du montant et de sa décomposition.

N'oubliez pas d'indiquer que vous avez « recours » à un prêt avec garantie hypothécaire si le vendeur prend une garantie (ce qui sera systématique si des rentes sont versées). Cela permet de rajouter une estimation du coût de cet acte notarié.

L'assiette de calcul des frais de notaire

Lors de la transaction d'un bien immobilier, l'acheteur doit s'acquitter des frais de notaire, basés sur la valeur vénale du bien immobilier vendu.

L'approche est différente pour un viager immobilier et est (malheureusement) ignorée de beaucoup trop de professionnels.

Dans le cas d'un viager, il faut calculer les frais de notaire le droit cédé par le vendeur. Ainsi, dans le cas d'un viager occupé, le vendeur conserve son droit d'usage et d'habitation. Il y a démembrement de propriété et les frais de notaires doivent être calculés sur la valeur vénale diminuée de la valeur du DUH (la valeur occupée). Ces deux valeurs apparaissent dans l'acte de vente, il ne peut donc y avoir d'ambiguïté sur l'assiette à retenir.

Pour un viager libre, les frais de notaire se calculent sur la valeur vénale du logement car la pleine propriété du bien est cédée à l'acheteur le jour de la signature de l'acte de vente.

Exemple :

Monsieur Jeconomise achète un viager occupé qui se décompose de la manière suivante :

- Valeur vénale : 200 000€ ;
- DUH : 50 000€.

Les frais de notaire porteront donc sur 200 000€ - 50 000€ = 150 000€. Le simulateur des notaires nous donne un montant de frais d'acquisition de 13 200€.

Si Monsieur Jeconomise change d'avis et se tourne vers un viager libre, les frais de notaire seront donc calculés sur la base de 200 000€. Le simulateur nous donne un montant de 16 800€.

Vita Pecunia met à votre disposition des textes et références juridiques pour justifier le calcul des frais sur la valeur occupée du viager. Vous les trouverez à la rubrique « Nos produits et services ». Cela peut vous faire gagner beaucoup d'argent si votre notaire refuse et veut calculer les frais sur la pleine-propriété du bien.

Les frais de notaire obligatoirement à la charge de l'acheteur ?

Les frais de notaire sont supportés traditionnellement par l'acheteur. Sachez que rien n'empêche le vendeur de payer les frais de notaire. Méconnue par certains professionnels, cette manière de procéder s'appelle l'acte en main. Ce type de montage peut être négocié par l'acheteur si ce dernier n'a pas les liquidités ou ne souhaite pas les débourser pour les frais de notaire, en plus de l'éventuel bouquet.

L'imposition de la rente viagère

La rente viagère perçue par le crédirentier est un revenu soumis à l'impôt. En revanche, un abattement s'applique aux rentes intégration dans le revenu global du vendeur.

La fraction imposable de la rente dépend de l'âge du crédirentier lors du premier versement de la rente. On notera toutefois qu'à partir de 70 ans, la fraction ne change plus alors qu'elle concerne la majorité des viagers (souvent conclus avec un vendeur ayant au moins 70 ans).

Les fractions imposables des rentes viagères sont définies en détail à l'article 158-6 du Code général des impôts.

Age du crédirentier à la date du premier versement	Fraction imposable de la rente
Moins de 50 ans	70%
De 50 à 59 ans inclus	50%
De 60 à 69 ans inclus	40%
70 et plus	30%

Si le vendeur est un couple, l'âge retenu est l'âge le plus élevé des deux conjoints.

Dans le cas d'une réversion de rente, la fraction imposable de la rente correspond à l'âge du plus âgé lors du premier versement de la rente. Si le bénéficiaire de la rente décède et que le nouveau bénéficiaire dispose d'un taux plus avantageux (car alors plus âgé que le bénéficiaire initial lors du premier versement de la rente), l'administration fiscale l'autorise à retenir ce taux.

Sachant que la fraction imposable de la rente est définitive et définie lors du premier versement de la rente, le vendeur proche d'un changement de tranche a intérêt à décaler de quelques mois la vente de son viager. Il peut également définir dans l'acte de vente un report du versement du premier terme de rente.

Exemple 1 :

Un crédirentier âgé de 69 ans commence à percevoir une rente viagère en 2018 et il touche 10 000€ cette première année.

Le montant de la rente imposable que doit déclarer le vendeur est de 10 000€ x 4% = 4 000€. Cette somme s'ajoutera aux autres revenus du crédirentier et devra être ajoutée à la déclaration de revenus n°2042. Le vendeur devra également s'acquitter des prélèvements sociaux (17,2% au 01/01/2021).

Exemple 2 :

Ce même crédirentier aurait pu attendre une année pour toucher sa première rente viagère. Plusieurs options s'offraient à lui :

- Reporter la signature du contrat de vente : le vendeur ayant une année supplémentaire, la rente viagère sera plus élevée (si le bouquet est de même montant).
- Différer le versement des rentes d'une année : les rentes augmentent mécaniquement pour conserver l'aléa et l'équilibre du contrat viager.

Je conseille de différer d'une année le versement de la rente. En effet, les acquéreurs potentiels sont rares et demander de reporter la signature du contrat d'un an implique un risque de perdre l'acquéreur. Pour éviter que le vendeur ne soit lésé par l'absence de rentes la première année (même si les rentes seront plus élevées pour compenser), il peut négocier et demander à l'acquéreur de payer sous forme de capital les rentes qui auraient dû être versées la première année. Cette somme viendra simplement augmenter le bouquet.

Reprenons le même vendeur et supposons que :

- la rente viagère soit de 1 000€, versée sur 10 mois en 2018 ;
- le vendeur est né le 01 janvier.

Il peut donc demander de différer le versement des rentes des 10 premiers mois et ainsi augmenter le bouquet de 10 x 1 000€ = 10 000€. Notez que les rentes recalculées ne seront pas exactement de 1 000€ car le professionnel qui procédera à l'évaluation de la rente devra prendre en compte le différé de 10 mois d'une part et la diminution du capital à renter d'autre part (car le bouquet a augmenté).

Exemple 3 :

Le crédirentier des exemples précédents décède 15 ans plus tard. La rente était réversible sur sa conjointe, âgée de 65 ans lors de la signature du contrat de vente. La conjointe du crédirentier est donc âgée de 80 ans et elle pourra retenir une fraction imposable de la rente de 30% (anciennement 40%).

L'imposition sur le patrimoine

La plus-value immobilière du viager

Le vendeur d'un viager est soumis à l'imposition des plus-values immobilières. Je détaille dans ce chapitre les modalités de calcul de la plus-value immobilière.

Le calcul de la plus-value

La plus-value imposable se calcule en appliquant un taux d'imposition et de prélèvements sociaux à une assiette. Cette dernière est déterminée par différence entre le prix de cession et le prix d'acquisition. Si le prix de cession est inférieur au prix d'acquisition, on parle de moins-value et le vendeur n'a pas d'impôt à payer.

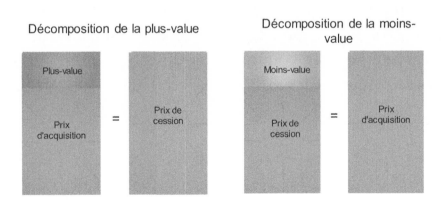

Décomposition de la plus-value

Décomposition de la moins-value

Le taux d'imposition

Au 01/01/2021, la plus-value est imposée à hauteur de 19% pour l'impôt sur le revenu et de 17,2% pour les prélèvements sociaux. **Soit un total de 36,2% (hors exonération ou abattement).**

Si l'imposition sur les plus-values vous paraît élevée, retenez votre souffle : si votre plus-value est importante (plus de 50 000€), vous devrez également vous acquitter d'une surtaxe, calculée avec un barème progressif (allant jusqu'à 6% de plus tout de même !).

Le prix de cession

Le prix de cession correspond simplement au prix de vente du logement précisé dans l'acte de vente. Je rappelle que ce prix de vente se compose du capital constitutif des rentes (aussi appelé montant à renter) et du bouquet. Le vendeur ne doit pas oublier de déduire de ce prix de cession les frais engagés pour la vente qui sont éligibles : les commissions d'agence, les dépenses liées aux diagnostics techniques, etc.

Décomposition du prix de
cession

| Capital constitutif | = | Prix de cession |

Bouquet

Le prix d'acquisition

Le prix d'acquisition dépend du bien vendu : soit il s'agit d'un logement acheté par le vendeur, hérité ou encore lui-même acheté en viager. Je détaille les différents cas :

- **Logement acheté par le vendeur :** Dans ce cas, le prix d'acquisition doit être majoré des frais et de la fiscalité (frais de notaire, commission d'agence et TVA le cas échéant, etc.). Le vendeur devra également ajouter les factures des travaux réalisés. S'il ne peut pas justifier ces frais, il peut retenir 7,5 % du prix d'achat pour les frais et la fiscalité et 15 % pour les travaux si la revente intervient plus de 5 ans après l'acquisition. <u>Vous comprendrez</u>

donc que vous avez intérêt à déduire ces 15% si vous possédez votre logement depuis plus de 5 ans, et cela même si vous n'avez pas fait réaliser de travaux ou qu'ils aient été déduits de vos revenus imposables par le biais d'un mécanisme de déficit foncier par exemple !

- **Le vendeur a hérité du logement :** La valeur vénale fera office de prix d'acquisition. Le vendeur devra majorer ce prix des frais de notaire.

- **Le vendeur revend un viager et son crédirentier est toujours en vie :** Le prix d'acquisition est égal au prix qui figure sur le premier acte de vente du vendeur (bouquet + montant à renter). Si cela lui est plus favorable, il peut retenir la somme des éléments suivants :
  - la somme des mensualités versées par le vendeur au crédirentier ;
  - le capital représentatif des futures rentes le jour de la vente ;
  - le bouquet que le vendeur avait payé au crédirentier.

Décomposition du prix d'acquisition

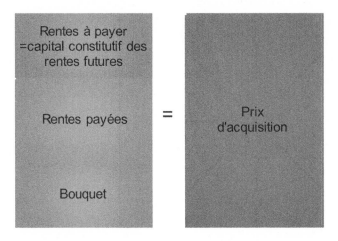

Le capital constitutif de la rente est égal à la somme des rentes futures moyenne, c'est-à-dire au produit de la rente mensuelle et du coefficient de capitalisation donné par le barème à la date de la vente (ou la rente divisée par le taux de rente).

Je rappelle que l'acheteur d'un viager de « seconde main » devra verser une rente identique à celle qui a été conclue entre son vendeur et le crédirentier. Par conséquent, le capital constitutif le jour de la première vente est supérieur à la somme des rentes déjà versées et du capital constitutif le jour de la seconde vente.

Autrement dit, le vendeur ne perdra pas d'argent uniquement si le gain lié à la décote du DUH compense cet écart. Ce qui est le cas lorsque le bouquet du viager est important ou que la valeur vénale du bien a augmenté entre l'achat et la revente du viager.

- **Le vendeur revend un viager et son crédirentier est décédé :** Comme dans le cas précédent, le vendeur retiendra le prix de d'achat de son viager rédigé sur le contrat de vente. Si cela est plus favorable, il pourra retenir la somme des éléments suivants :

  - la somme des mensualités versées par le vendeur au crédirentier ;
  - le bouquet que le vendeur avait payé au crédirentier.

On comprend donc que le vendeur a intérêt à retenir la deuxième méthode de calcul s'il a payé « plus cher que prévu » son logement en viager. En effet, l'idée est de prendre la plus grosse évaluation pour minimiser l'impôt.

Il existe de nombreux cas d'exonération de la plus-value immobilière. Je rappelle dans ce chapitre les principaux cas d'exonération.

La vente de la résidence principale

La vente de la résidence principale est totalement exonérée de l'impôt sur la plus-value. La résidence principale se définit comme étant le logement majoritairement occupé par le vendeur durant l'année. L'administration fiscale autorise un délai raisonnable en cas d'inoccupation avant la vente pour prendre en compte le réaménagement dans un nouveau logement.

Notez que les dépendances immédiates du logement, comme un parking, un garage ou une cave, sont également exonérées de l'impôt sur la plus-value.

La vente d'un logement détenu depuis plus de 22 ou 30 ans

Lorsque le vendeur conserve son bien immobilier suffisamment longtemps, une exonération totale s'applique. La durée de détention est différente selon la partie fiscale et sociale :

- 22 ans pour l'impôt sur le revenu ;
- 30 ans pour les prélèvements sociaux.

Je précise qu'une durée de détention se compte par années glissantes révolues. Si vous détenez votre logement depuis 12 ans et 11 mois, vous devrez retenir

12 ans. Si le gain fiscal est important, il peut être astucieux de décaler la vente de quelques mois…

Cette exonération est progressive et résulte d'un abattement qui commence à la 5ème année de détention et diffère selon la nature du prélèvement :

- l'impôt sur le revenu :
    - de la 6ème à la 21ème année de détention : 6% par an ;
    - de la 22ème à la 23ème année de détention : 4% par an.
- les prélèvements sociaux :
    - de la 6ème à la 21ème année de détention : 1,65% par an ;
    - la 22ème année : 9% ;
    - de la 23ème année à la 30ème année : 9% par an.

Afin de vous simplifier les calculs, j'ai synthétisé les abattements dans le tableau suivant :

Nombre d'années de détention du bien	Taux d'abattement de l'impôt :	Taux d'abattement des prélèvements sociaux
Moins de 6	0 %	0 %
6	6 %	1,65 %
7	12 %	3,30 %
8	18 %	4,95 %
9	24 %	6,60 %
10	30 %	8,25 %
11	36 %	9,90 %
12	42 %	11,55 %
13	48 %	13,20 %
14	54 %	14,85 %
15	60 %	16,50 %
16	66 %	18,15 %
17	72 %	19,80 %
18	78 %	21,45 %
19	84 %	23,10 %
20	90 %	24,75 %
21	96 %	26,40 %
22	100 %	28 %
23	100 %	37 %
24	100 %	46 %
25	100 %	55 %
26	100 %	64 %

27	100 %	73 %
28	100 %	82 %
29	100 %	91 %
30	100 %	100 %

Exemple :

Monsieur Libre vend sa résidence secondaire en viager libre qu'il avait acquis 17 ans plus tôt.

Il devra donc s'acquitter de :

- l'impôt : 19% (taux plein) abattu de 72%, soit un taux d'imposition de 19% x (1-72%) = 5,32% ;
- les prélèvements sociaux : 17,2% (taux plein) abattu de 19,80%, soit un taux de 17,2% x (1 – 19,80%) = 13,79%.

Monsieur Libre devra donc payer à l'administration fiscale 19,11% du prix de vente de sa résidence secondaire.

L'exonération des retraités et invalides

Si le vendeur respecte des critères de revenus et de patrimoine et qu'il perçoit une pension de retraite ou est titulaire d'une carte d'invalidité de deuxième ou troisième catégorie, il est en droit de demander l'exonération totale de l'impôt sur la plus-value.

Les autres cas d'exonération

Il existe d'autres cas d'exonération de la plus-value immobilière (ils ne s'appliqueront probablement pas à la vente d'un viager mais sait-on jamais !) :

- **La vente d'un bien immobilier pour l'acquisition d'une résidence principale :** Le vendeur cède un bien immobilier qui n'est pas sa résidence principale. S'il n'a pas été propriétaire de sa résidence principale au cours des 4 années précédentes, il sera exonéré sur la partie du montant ainsi affecté à l'acquisition de sa résidence principale dans les 2 ans qui suivent.
- **Les ventes de petits montants :** La vente d'un bien dont le montant de la transaction est inférieur à 15 000€ est exonérée d'impôt sur la plus-value immobilière.

L'impôt sur la fortune immobilière

Bien que la vente en viager soit synonyme de transfert de propriété le jour de la signature du contrat de vente, le vendeur est taxé à l'impôt sur la fortune immobilière sur le capital constitutif de la rente (l'acheteur a effectivement une dette envers lui qui est valorisée dans son patrimoine) mais également sur son droit (DUH ou usufruit si le viager est « occupé »). Ces montants varient et doivent être réévalués chaque année.

En effet, le viager pourrait, dans le cas contraire, être une façon d'échapper à l'impôt sur la fortune tout en continuant à disposer de son logement et de toucher des rentes périodiquement.

L'acheteur n'est pas épargné par l'IFI. Il devra, lui aussi, déclarer à l'administration fiscale le logement acquis en viager.

Le capital constitutif de la rente

Le capital constitutif de la rente est la somme des rentes futures que le débirentier doit payer au crédirentier. Le viager étant aléatoire par nature, cette somme reste estimative.

Pour déterminer ce montant, il faut appliquer à la rente le coefficient de capitalisation actualisé au jour de la date d'évaluation (c'est-à-dire le 1er janvier de l'année d'imposition). Ce coefficient de capitalisation dépend de l'âge du crédirentier au jour du calcul et est donné par le barème viager (ou fiscal).

> **Je vous conseille d'utiliser le barème fiscal 2725-NOT-D.**

D'une part, utiliser les barèmes fiscaux permettra au vendeur de justifier le bien-fondé de la méthode et, d'autre part, ces coefficients multiplicateurs sont plus avantageux que ceux utilisés par des professionnels du viager pour calculer les rentes (car ces derniers utilisent des tables de mortalité récentes avec des espérances de vie plus longues).

La taxation des droits démembrés

Le vendeur

Le vendeur doit déclarer la valeur du droit qu'il a conservé lors de la vente de son bien en viager.

Dans le cas d'un viager libre, la pleine propriété du bien a été transférée. Il ne possède donc aucun droit sur le logement.

Dans le cas d'un viager occupé, le vendeur doit évaluer le montant de l'usufruit ou du DUH, toujours selon le barème fiscal de l'article 669 du Code général des impôts.

L'acheteur

Si l'acheteur acquiert un viager libre, il doit déclarer le bien pour la totalité de sa valeur.

Si le viager est occupé, il doit déclarer au fisc la différence de la valeur du bien et du droit conservé par le vendeur (DUH ou usufruit qui est donc la nue-propriété).

Le barème fiscal des droits démembrés

Le barème ci-dessous est donné par l'article 669 du Code général des impôts :

Age de l'usufruitier	Valeur de l'usufruit	Valeur de la nue-propriété
Moins de 21 ans	90%	10%
De 21 à 30 ans	80%	20%
De 31 à 40 ans	70%	30%
De 41 à 50 ans	60%	40%
De 51 à 60 ans	50%	50%
De 61 à 70 ans	40%	60%
De 71 à 80 ans	30%	70%
De 81 à 90 ans	20%	80%
Plus de 91 ans	10%	90%

Le DUH est valorisé de 60% de l'usufruit. Le droit complémentaire de l'acheteur s'obtient par différence avec 100%.

Par exemple, la valeur du DUH à 45 ans est de 36%. L'acheteur doit ajouter 64% du prix du logement à son assiette d'IFI.

101

Après détermination de l'assiette taxable à l'IFI qui comprend donc, entre autres, le logement vendu en viager, le contribuable doit appliquer à l'assiette les taux suivants (article 885 U du Code général des impôts) :

Tranches de patrimoine net taxable	Taux
Inférieur à 800 000€	0%
Entre 800 000€ et 1 300 000€	0,50%
Entre 1 300 000€ et 2 570 000€	0,70%
Entre 2 570 000€ et 5 000 000€	1,00%
Entre 5 000 000€ et 10 000 000€	1,25%
Plus de 10 000 000€	1,50%

Le calcul de la rente viagère

L'espérance de vie

La table de mortalité

La table de mortalité est la pierre angulaire du calcul de l'espérance de vie. Les tables de mortalité sont créées par des instituts statistiques, comme l'INSEE ou par des assureurs pour leurs besoins propres. Elles sont construites sur l'observation d'une population humaine. Ce peut être, par exemple, un groupe d'hommes résidant en France entre 2010 et 2012.

Une table de mortalité se matérialise par un tableau où la population initiale est de 100 000 personnes à la naissance. A chaque âge, est inscrit le nombre de personnes toujours en vie. Je présente ci-dessous la table (les zones grises sont les zones tronquées) :

INSEE 2000-2002		
Age	Femme	Homme
0	100 000	100 000
1	99 616	99 511
2	99 583	99 473
3	99 562	99 446
4	99 545	99 424
...	...	...
73	83 751	65 914
74	82 442	63 637
75	80 998	61 239
...	...	...
107	89	9
108	44	4
109	20	2
110	9	1
111	4	0

Il existe deux types de tables de mortalité :

- Les tables du moment ;
- Les tables générationnelles.

Les tables du moment

Ce type de table est construit à partir de l'observation d'une population sur une période fixe. L'observation des décès de personnes de tout âge permet de « reconstruire » la vie d'une personne.

Prenons un exemple simplifié : nous observons entre 2000 et 2002 10 000 personnes. En 2000 la population initiale est :

- 2 000 personnes de 60 ans ;
- 5 000 personnes de 62 ans ;
- 3 000 personnes de 64 ans.

En 2001, nous comptabilisons des décès. La population en vie est :

- 1 980 personnes de 61 ans (initialement 60 ans) ;
- 4 953 personnes de 63 ans (initialement 62 ans) ;
- 2 961 personnes de 65 ans (initialement 64 ans).

En 2002, nous comptabilisons à nouveau les décès. La population en vie est :

- 1 958 personnes de 62 ans (initialement 60 ans) ;
- 4 883 personnes de 64 ans (initialement 62 ans) ;
- 2 921 personnes de 66 ans (initialement 64 ans).

Ces données nous permettent de créer une table de mortalité à partir de 60 ans jusqu'à 66 ans :

- La probabilité de fêter ses 61 ans sachant que l'individu a 60 ans est $\frac{1\,980}{2\,000} = 99{,}00\%$;
- La probabilité que l'individu ait 62 ans sachant qu'il en a 61 est $\frac{1\,958}{1980} = 98{,}88\%$;
- La probabilité que l'individu ait 63 ans sachant qu'il en a 62 est $\frac{4\,953}{5\,000} = 99{,}06\%$;

105

-   …

En partant d'une population de 100 000 personnes à 60
ans, comme le veut la convention, on obtient notre table
de mortalité suivante :

Age	Population
60	100 000
61	99 000 (=100 000 x 99,00%)
62	97 891 (=99 000 x 98,88%)
63	96 971 (=97 891 x 99,06%)
64	95 798
65	94 571
66	93 276

La table ainsi créée permet de connaître la mortalité d'un
groupe d'individus sur une période donnée.

Je vous partage les premières limites de ce type de table :

-   Comme n'importe quelle étude statistique, la
    mortalité donnée par la table du moment est
    relative à celle de la population. Afin de
    généraliser les résultats sur un individu, il faut
    s'assurer que ses caractéristiques sont proches de
    la population de la table. Si la population est un
    groupe d'hommes, le professionnel en charge des
    calculs du viager ne devra pas utiliser cette table

pour calculer l'espérance de vie d'une femme. Cela vous paraît logique, cependant, il n'est pas rare de voir des professionnels utiliser des barèmes qui ne distinguent pas le sexe du crédirentier…

- Toute la vie d'un individu est « synthétisée » dans une période d'observation très courte, ici entre 2000 et 2002. L'allongement de la durée de vie rendu possible par l'amélioration des conditions de vie n'est donc pas pris en compte par ce type de table. Par exemple, pour calculer l'espérance de vie d'un homme de 70 ans, vous allez « projeter » toute sa vie (potentiellement plusieurs décennies) sur la mortalité humaine observée entre 2000 et 2002. Ce type de table « fige » la personne et sa mortalité dans le temps.

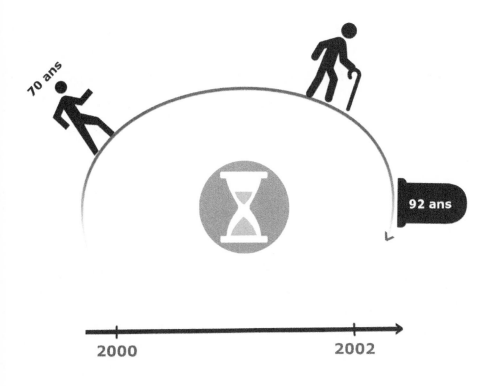

70 ans

92 ans

2000   2002

Quelques exemples de tables du moment :

- La TH00-02 et la TF00-02 : il s'agit des tables de mortalité de l'INSEE sur une population d'hommes (TH) et de femmes (TF) français sur la période s'étalant de 2000 à 2002.
- La TH2014 et la TF2014 : ces tables masculines et féminines ont été créées sur des populations françaises entre 2012 et 2014 par l'INSEE.

Les tables générationnelles

Les tables générationnelles tentent de corriger le biais de la dérive de longévité expliqué précédemment.

Ce type de table est créé sur des périodes plus longues afin d'obtenir des résultats plus fiables. L'idée est d'observer l'allongement de la durée de vie et de l'appliquer sur les années futures (où la mortalité ne peut pas être observée puisqu'elle porte sur les années à venir).

Les tables finalement obtenues sont beaucoup plus denses car elles sont classées par années de naissance. Ne pouvant afficher la table entièrement, j'ai tronqué certaines parties (zones grisées) :

Age	Année de naissance								
	1900	1901	1902	1903	1991	1992	1993	1994	2005
0	-	-	-	-	-	-	-	-	100 000
1	-	-	-	-	-	-	-	-	99 683
2	-	-	-	-	-	-	-	100 000	99 583
3	-	-	-	-	-	-	100 000	99 945	99 540
4	-	-	-	-	-	100 000	99 969	99 915	99 515
5	-	-	-	-	100 000	99 979	99 948	99 895	99 499
93	-	-	-	100 000	58 359	58 892	59 415	59 919	65 252
94	-	-	100 000	79 024	54 100	54 655	55 201	55 730	61 357
95	-	100 000	77 333	61 197	49 727	50 298	50 861	51 409	57 276
96	100 000	75 327	58 321	46 205	45 255	45 835	46 409	46 969	53 012
97	73 481	55 401	42 932	34 045	40 793	41 375	41 951	42 517	48 660
98	52 620	39 697	30 782	24 426	36 402	36 978	37 549	38 112	44 274
99	36 636	27 648	21 447	17 025	32 141	32 703	33 262	33 813	39 912
100	24 738	18 670	14 483	11 498	28 064	28 604	29 143	29 677	35 628
101	16 156	12 190	9 454	7 503	24 220	24 732	25 244	25 752	31 478
102	10 175	7 672	5 946	4 718	20 647	21 125	21 604	22 081	27 510
103	6 158	4 639	3 593	2 852	17 377	17 816	18 258	18 698	23 770
104	3 569	2 686	2 080	1 652	14 430	14 827	15 227	15 628	20 294
105	1 974	1 485	1 151	915	11 815	12 168	12 525	12 883	17 109
106	1 038	781	606	483	9 532	9 841	10 154	10 469	14 235
107	517	389	303	242	7 573	7 839	8 108	8 381	11 682
108	243	183	143	115	5 921	6 145	6 373	6 605	9 448
109	107	81	64	51	4 551	4 737	4 927	5 120	7 527
110	44	34	26	21	3 438	3 589	3 744	3 901	5 902
111	17	13	10	8	2 549	2 670	2 793	2 920	4 552
112	6	5	4	3	1 855	1 949	2 045	2 145	3 450
113	2	2	1	1	1 322	1 394	1 468	1 545	2 567
114	1	-	-	-	923	977	1 032	1 090	1 875
115	-	-	-	-	630	670	710	753	1 342
116	-	-	-	-	421	449	478	508	941
117	-	-	-	-	274	294	314	335	645
118	-	-	-	-	174	187	201	216	432
119	-	-	-	-	108	116	126	135	283
120	-	-	-	-	65	70	76	82	181
121	-	-	-	-	-	-	-	-	-

Les tables générationnelles les plus connues sont la TGH05 et la TGF05 qui ont été créées par des assureurs sur la période allant de 2000 à 2005 sur une population de rentiers hommes et femmes. Par rentiers, nous devons entendre des personnes ne travaillant plus et percevant une rente pour vivre (des retraités par exemple). Le périmètre de l'étude est donc plus restreint que les tables de l'INSEE qui est la France entière. La mortalité d'une population de rentiers est proche de celle d'un viager. **C'est pour cette raison que cette table est régulièrement utilisée dans les transactions de viager immobilier.**

Les limites des tables générationnelles

Ce n'est pas parce les tables générationnelles sont plus régulièrement utilisées dans les viagers immobiliers qu'elles reflètent parfaitement la mortalité des vendeurs de viager.

Une extrapolation est réalisée pour essayer de « prédire » la mortalité des années à venir. Cette extrapolation s'appuie sur l'allongement de la durée de vie passée observée. Or, si celle-ci n'est pas représentative de la dérive à venir, les tables risquent d'être fausses. C'est d'ailleurs ce qui ressort des premières études réalisées a posteriori par les assureurs sur la TGH05 et le TGF05 : l'allongement de la durée de vie est plus rapide que ce qui a été anticipé lors de sa création.

Je pense qu'il est donc plus prudent d'utiliser une table générationnelle adaptée au risque du viager (surtout si vous êtes un acquéreur potentiel car vous serez du côté des lésés !). Vous pouvez vous rendre sur le site de Vita Pecunia afin d'obtenir des barèmes adaptés au viager immobilier.

Le calcul de l'espérance de vie

Une espérance de vie est relative à une table de mortalité. En effet, c'est à partir d'une table de mortalité que sont calculées les espérances de vie.

Si nous appelons l_x le nombre de personnes en vie à l'âge x donné par la table de mortalité, alors l'espérance de vie à l'âge p se calcule de la manière suivante :

$$\sum_{p \geq 0} \frac{l_{x+p}}{l_x}$$

Je n'irai pas plus loin dans les calculs. En effet, cet ouvrage n'a pas pour vocation de vous expliquer les calculs statistiques (et de vous perdre au passage !). Si vous êtes curieux, je vous laisse approfondir vos recherches, il existe de nombreuses ressources sur Internet ou sur papier.

Le calcul de la rente à partir de l'espérance de vie

L'espérance de vie représente le nombre d'années moyen restant à vivre du crédirentier.

Par conséquent, il semble intuitif de diviser le capital constitutif (je rappelle que : capital constitutif = valeur vénale – bouquet) par l'espérance de vie (multipliée par 12 pour obtenir des rentes mensuelles).

Or, en procédant de la sorte, vous faites abstraction de la rémunération du vendeur sous forme d'intérêts d'emprunt. Or, comme le dit si bien l'adage : « le temps, c'est de l'argent ».

D'autre part, il peut être judicieux d'introduire une estimation du taux d'indexation de la rente future. En effet, l'oublier serait à l'avantage du vendeur car il percevrait les intérêts d'emprunt en plus d'une revalorisation périodique de sa rente pour maintenir son niveau de vie.

Par exemple, le vendeur et l'acheteur peuvent se mettre d'accord sur un taux d'indexation future à 1% et un taux d'emprunt à 2%.

La capitalisation et l'actualisation

Avant d'aller plus loin, je me permets de vous rappeler deux concepts fondamentaux des sciences financières : la capitalisation et l'actualisation.

La capitalisation permet de calculer la valeur d'un montant d'argent rémunéré à un taux défini. Par exemple, 1 000€ rémunérés 2% par an donneront une capitalisation de 1 000€ x (1 + 2%) = 1 020€. Le taux de 2% est le taux de capitalisation.

L'actualisation est le principe inverse : il permet de déterminer le montant dont vous devez disposer actuellement pour obtenir un montant futur. Par exemple, si vous souhaitez obtenir 1 000€ dans un an en plaçant cette somme d'argent sur un placement rémunéré 2% annuellement, vous devez investir aujourd'hui $\frac{1\,000}{(1 + 2\%)} = 980{,}39\ €$. Ce taux est appelé taux d'actualisation.

Pour faire le lien avec ce que nous avons vu précédemment :

- Le taux d'emprunt est un taux d'actualisation : le capital emprunté (c'est-à-dire le capital constitutif) est égal à la somme des rentes futures actualisées au taux d'emprunt.
- Le taux de revalorisation est un taux de capitalisation : à combien sera évaluée la rente future avec un taux de revalorisation de x% ?

Le barème viager

Un barème viager revêt la forme d'un tableau et permet de convertir un capital en rentes viagères ou temporaires (et inversement). Plus le professionnel en charge de la construction de la table a utilisé de variables (par exemple l'âge, le sexe, le taux d'actualisation, le taux de revalorisation de la rente, etc.), plus le tableau est volumineux.

Le barème viager donne un coefficient de capitalisation selon les caractéristiques du crédirentier.

Je présente ci-dessous un exemple de barème viager :

Age	Coefficient multiplicateur	Taux de rente annuelle
65	25,0	4,00%
66	24,1	4,15%
67	23,2	4,30%
68	22,4	4,47%
69	21,5	4,65%
70	20,7	4,84%
71	19,8	5,04%
72	19,0	5,25%
73	18,2	5,49%
74	17,4	5,73%
75	16,7	6,00%
76	15,9	6,30%
77	15,1	6,62%
78	14,3	6,97%
79	13,6	7,36%
...	...	...
93	5,8	17,35%
94	5,4	18,40%
95	5,1	19,49%
96	4,9	20,60%
97	4,6	21,75%
98	4,4	22,93%
99	4,1	24,16%
100	3,9	25,41%
101	3,7	26,71%
102	3,6	28,04%
103	3,4	29,41%

Le coefficient de capitalisation est l'inverse du taux de rente, par exemple un coefficient de 16,7 donne un taux de rente de 6% (1 / 16,7 = 6%).

Si on utilise le taux de rente, le montant à renter (égal à la valeur vénale du bien, diminuée du DUH ou de l'usufruit – si le viager est occupé – et du bouquet) doit être multiplié par 6% pour obtenir la rente (annuelle ou mensuelle, le barème doit l'indiquer). Si le montant à renter est de 100 000€, la rente mensuelle sera de

$$\frac{100\,000€ \times 6\%}{12} = 500€$$

On peut aussi utiliser le coefficient de capitalisation, par exemple 16,667. Dans ce cas, la rente est obtenue en divisant le montant à renter par ce coefficient. En gardant comme exemple un montant à renter de 100 000€, nous obtenons une rente mensuelle de

$$\frac{100\,000€}{16,67} \times \frac{1}{12} = 500€$$.

Le barème Daubry fait partie des barèmes les plus utilisés sur le marché du viager.

Je fournis au lecteur un exemple de barème viager fondé sur la table de mortalité TGH00-05 en annexes.

Je propose d'autres barèmes plus complets et adaptés au viager sur le site de Vita Pecunia. Ils vous permettront notamment de retenir des taux d'actualisation et de valeur locative personnalisés (aussi appelé taux technique de la rente).

116

Le calcul pour plusieurs têtes

S'il existe un domaine dans le viager qui est très peu maîtrisé par les professionnels, il s'agit bien du calcul de la rente sur plusieurs têtes (le terme tête peut être remplacé par crédirentier).

Malheureusement, force est de constater que de nombreux professionnels utilisent des calculs fantaisistes et approximatifs. Peut-être est-ce de la faute de l'administration fiscale car les barèmes fiscaux sont simplistes et ne reflètent pas la réalité économique des transactions immobilières...

L'espérance de vie d'un couple (ou le coefficient viager avec réversion de la rente à 100%) **N'EST PAS** :

- l'espérance de vie la plus élevée des deux conjoints ;
- la moyenne des deux espérances de vie ;
- une quelconque moyenne pondérée des espérances de vie individuelles.

L'espérance de vie d'un couple répond à un calcul actuariel précis que je ne développerai pas ici car il reste complexe (et ce livre n'est pas un ouvrage de statistiques).

Cependant, l'espérance de vie d'un couple est supérieure à l'espérance de vie de chacun des conjoints.

Les « faux calculs » précédents et couramment utilisés sont donc à l'avantage des vendeurs car ils minimisent l'espérance de vie du couple.

Sachez que l'espérance de vie d'un couple est calculée à partir des tables de mortalité des deux conjoints. En effet, pour des raisons techniques de collecte de données, il n'existe pas de table de mortalité d'un couple. Nous sommes donc contraints de postuler que la mortalité d'un des deux conjoints est indépendante de celle de l'autre. Cela n'est pas tout à fait vrai car des études ont montré que la probabilité qu'une personne décède rapidement à la suite de la mort de son conjoint est élevée. Cependant, cette approximation n'impacte pas de manière significative les calculs d'espérance de vie.

Par conséquent, ce n'est pas parce que « on vit plus longtemps à deux » que l'espérance de vie du couple est supérieure aux espérances de vie des conjoints.

L'explication est purement mathématique. Si on prend de manière individuelle le premier conjoint du couple, son espérance de vie individuelle ne sera pas impactée par celle de son conjoint (et peu importe la différence d'âge). Sachant qu'on estime que le couple est toujours en vie tant que les deux conjoints ne sont pas décédés, même si le second conjoint est beaucoup plus vieux (et donc son espérance de vie est beaucoup plus faible), il y a des chances pour qu'il survive au premier conjoint.

Ainsi, en considérant ce second conjoint, l'espérance de vie du couple est supérieure à celle du premier conjoint.

Le schéma ci-dessous vous permettra de mieux comprendre la relation entre les espérances de vie individuelles des conjoints et l'espérance de vie du couple.

Nous prenons trois scénarios numérotés de 1 à 3. La longueur de la flèche représente la durée de vie du conjoint pour chaque scénario. La flèche « m » est la moyenne des trois scénarios (et donc l'espérance de vie).

Nous considérons que le couple est en vie tant que les deux conjoints le sont. Ainsi, pour chaque scénario, la durée de vie du couple est la plus grande des durées de vie individuelles.

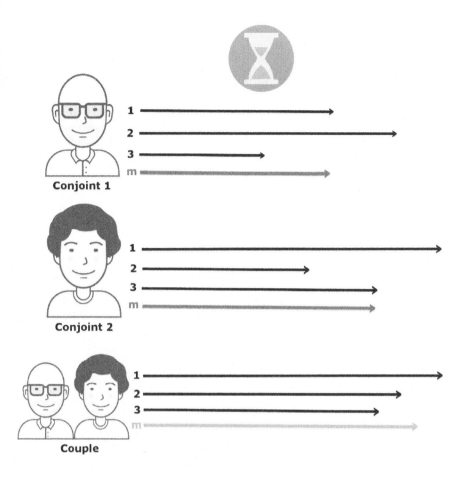

Nous retenons les durées de vie suivantes pour le couple :

- Scénario 1 : Conjoint 2 ;
- Scénario 2 : Conjoint 1 ;
- Scénario 3 : Conjoint 2.

Nous voyons graphiquement que la moyenne de ces durées de vie est supérieure à la moyenne des durées de vie de chaque conjoint.

J'ai pris le cas d'un couple mais cela fonctionne également sur un groupe de plus de deux personnes, ayant ou non un lien de parenté.

L'explication est la même pour les coefficients de capitalisation d'un barème : le coefficient du couple est supérieur aux coefficients des conjoints. En revanche, cela n'est plus vrai si le contrat prévoit une réversion partielle de la rente (taux de réversion inférieur à 100%).

Le démembrement de propriété

Le viager est une opération de démembrement de propriété. Cela signifie que la pleine propriété d'un logement est éclatée et les différents droits qui y sont rattachés sont cédés séparément.

Les avantages d'une telle opération sont nombreux. Nous pouvons citer :

- Le vendeur conserve un droit sur le logement (généralement l'usufruit ou le droit d'usage et d'habitation) ;
- L'acheteur acquiert la nue-propriété et n'est pas fiscalisé sur les revenus du bien immobilier ;
- L'acheteur récupère le droit complémentaire sur le logement passée une certaine durée ou au décès de l'usufruitier.

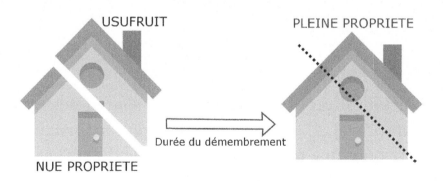

La pleine propriété

Lorsqu'on achète un bien immobilier par le biais d'une transaction classique, nous acquérons la pleine propriété du bien, à savoir :

- L'usus : l'usage du logement.
- Le fructus : le fait de pouvoir tirer des profits du logement en le mettant en location.
- L'abusus : la propriété du bien, c'est-à-dire le droit d'aliéner.

La réunion de l'usus et du fructus s'appelle communément l'usufruit et l'abusus est la nue-propriété.

L'usufruit

L'usufruit est défini à l'article 578 du Code civil et est la jouissance d'un bien en en percevant des revenus sans en avoir la propriété.

La durée de l'usufruit

L'usufruit est un droit à durée finie (contrairement à la nue-propriété). La durée peut être, au maximum, viagère pour une personne physique : le droit s'éteint au moment du décès. Notez toutefois que ce droit est réversible (il peut succéder au conjoint).

Si le bénéficiaire de l'usufruit est une personne morale, la durée maximale est alors de 30 ans.

La cessibilité de l'usufruit

L'usufruit peut être cédé, donné ou même hypothéqué.

La durée de l'usufruit n'est pas modifiée lors de la cession. Par exemple, si un usufruitier cède son usufruit viager, cet usufruit s'éteindra lors du décès de la personne sur laquelle l'usufruit a été créé, c'est-à-dire la première personne (et non le bénéficiaire de la cession). Sinon, vous comprenez bien qu'il serait possible de contourner la limitation de durée de l'usufruit en cédant successivement le droit à une personne plus jeune.

La valorisation fiscale de l'usufruit

Le fisc publie un barème fiscal pour valoriser l'usufruit. Il est donné par l'article 669 du Code général des impôts.

Âge de l'usufruitier	Valeur de l'usufruit
Moins de 21 ans révolus	90 %
Moins de 31 ans révolus	80 %
Moins de 41 ans révolus	70 %
Moins de 51 ans révolus	60 %
Moins de 61 ans révolus	50 %
Moins de 71 ans révolus	40 %
Moins de 81 ans révolus	30 %
Moins de 91 ans révolus	20 %
Au-delà	10 %

La valorisation économique de l'usufruit

Valoriser économiquement un usufruit est beaucoup plus complexe qu'appliquer un taux sur la valeur vénale du logement (comme c'est le cas de la méthode fiscale). Afin d'obtenir une valeur plus fidèle de la réalité financière, je vous conseille de procéder à une évaluation économique pour la transaction.

La méthode généralement admise demande plusieurs données et hypothèses :

- la valeur vénale du bien immobilier ;
- l'âge du crédirentier ;
- le sexe du crédirentier ;
- le rendement du logement (ou son loyer).

Pour des évaluations plus précises, on peut également introduire :

- le taux d'actualisation du droit de l'usufruit (équivalent aux loyers futurs) ;
- le taux d'inflation des loyers ;
- les charges annuelles non récupérables par l'acheteur « bailleur » ;
- l'assurance propriétaire non occupant ;
- etc.

La méthode de valorisation de l'usufruit est largement inspirée des techniques financières. La valeur de l'usufruit correspond à la valeur actuelle des « revenus » futurs.

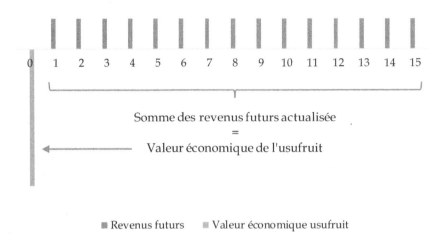

Dans le cas d'un usufruit, les revenus sont les loyers nets de charges locatives.

Par « actuelle », comprenez que 1 euro aujourd'hui n'a pas la même valeur que le 1 euro de demain. D'un point de vue économique, la monnaie s'érode avec le mécanisme de l'inflation. D'autre part, le vendeur est rémunéré pour le « prêt » qu'il accorde à l'acheteur car les paiements sont échelonnés dans le temps.

Contrairement à un prêt immobilier où la durée de paiement est fixée contractuellement, un usufruit viager court sur une période aléatoire : de la date de signature jusqu'au décès de l'usufruitier. Les barèmes et tables de mortalité sont ainsi utilisés pour déterminer les revenus futurs probables.

Expliciter les formules de calcul de l'usufruit économique est complexe. Je ne les détaillerai donc pas davantage. Je vous invite à utiliser des outils, de préférence édités par des professionnels du risque.

Vita Pecunia propose un simulateur unique pour évaluer les viagers et mesurer le risque. Vous pouvez également nous soumettre des demandes d'évaluation personnalisées de viager.

Le Droit d'Usage et d'Habitation

Le droit d'usage et d'habitation est un droit que l'on retrouve principalement dans le domaine du viager. Il s'agit du droit d'utiliser un bien immobilier dans la limite de ses besoins personnels. Par conséquent, les droits sont moins importants que dans le cas de l'usufruit.

Les droits du DUH

Les droits sont les suivants :

- seuls le titulaire du droit et les membres de sa famille proche (enfants, conjoints et personnes mentionnées à l'acte authentique) pourront utiliser le logement ;
- le DUH ne peut être cédé, donné ou hypothéqué ;

- le DUH ne permet pas de mettre le bien en location.

Parce qu'il confère des droits moins importants que l'usufruit viager, le DUH est moins valorisé fiscalement que celui-ci. L'administration retient une valeur du DUH égale à 60% de l'usufruit viager. **Je pense que cette évaluation est fortement discutable d'un point de vie économique puisque davantage de charges doivent être acquittées par l'acheteur d'un viager avec réserve de DUH.**

L'extinction du DUH

Le Droit d'Usage et d'Habitation s'éteint de la même manière que l'usufruit (article 625 du Code civil). C'est-à-dire, selon l'article 617 du Code civil :

- la mort de l'usufruitier ;
- l'expiration de la durée définie lors de la naissance du droit (dans le cas notamment d'un viager temporaire) ;
- la perte totale du logement.

La valorisation fiscale du DUH

Le DUH est valorisé à 60% de la valeur de l'usufruit viager. En reprenant le barème fiscal de l'usufruit (fixé par le Code général des impôts à l'article 669), on trouve donc, selon l'âge du crédirentier :

Âge de l'usufruitier	Valeur de l'usufruit
Moins de 21 ans révolus	54 %
Moins de 31 ans révolus	48 %
Moins de 41 ans révolus	42 %
Moins de 51 ans révolus	36 %
Moins de 61 ans révolus	30 %
Moins de 71 ans révolus	24 %
Moins de 81 ans révolus	18 %
Moins de 91 ans révolus	12 %
Au-delà	6 %

La valorisation économique du DUH

La valorisation économique du DUH est très proche de celle de l'usufruit. Les éléments à prendre en compte dans le DUH dépendent des obligations de chacune des parties et sont fixés dans le contrat de vente. Cela concerne principalement les charges qui incombent à l'acheteur et au vendeur.

Parmi les éléments à prendre en compte, on peut énumérer :

- la valeur vénale du bien immobilier ;
- l'âge du crédirentier ;
- le sexe du crédirentier ;
- le rendement du logement (ou son loyer).

Comme vous l'aurez probablement vu, le barème fiscal retient un DUH valorisé de 60% de l'usufruit.

Le bénéficiaire d'un DUH ne peut louer son bien ou céder son droit, contrairement à l'usufruit. Le fisc considère donc que le DUH doit avoir une valeur inférieure à l'usufruit.

Pourtant, d'un point de vue économique, il n'en est rien. En effet, l'usufruitier doit s'acquitter d'un nombre de charges bien plus conséquent : taxe foncière, d'avantages de travaux, etc. Généralement, le contrat de vente stipule que les obligations du bénéficiaire du DUH s'assimilent à celles d'un locataire. Il ne paie donc pas l'ensemble des charges de copropriété (le cas échéant) ou la taxe foncière par exemple.

Autre remarque importante, le barème fiscal a été réalisé il y a plus d'un siècle ! Lorsqu'on compare les espérances de vie en 1900 (environ 50 ans) et celles d'aujourd'hui (environ 85 ans), on comprend vite que le barème fiscal est à l'avantage du vendeur !

Si vous souhaitez acheter un viager, je vous conseille donc de retenir une valeur économique de l'usufruit ou du DUH dans le contrat de vente ! Au contraire, un vendeur sera favorisé par le barème fiscal.

Ma boîte à idées pour protéger ses arrières

Se protéger du décès prématuré de l'acheteur

Contracter un viager engage l'acheteur à verser des rentes au crédirentier jusqu'au décès de ce dernier. Si le débirentier (acheteur) venait à décéder avant le vendeur, le contrat viager entrerait dans la succession. Les héritiers devraient alors continuer à verser les rentes au crédirentier.

Plusieurs pistes peuvent être explorées afin de limiter ce risque.

Vita Pecunia est une société indépendante fondée et détenue par des conseillers en gestion de patrimoine. Contactez-nous pour établir un bilan de protection gratuit et vous accompagner dans la mise en place.

Contracter un viager sans rentes

Solution extrême, l'acheteur frileux de laisser des héritiers payer ses rentes peut envisager d'acheter un viager sans rentes. Cela l'oblige toutefois à payer un bouquet beaucoup plus conséquent puisque celui-ci sera égal à la valeur vénale du bien diminué du DUH.

Comme nous l'avons vu, maximiser le bouquet permet à l'acheteur de diminuer les risques du viager.

Le vendeur n'a aucun intérêt à demander une hypothèque de premier rang puisque le viager est déjà payé « par avance ». L'acheteur pourra donc se rapprocher d'un établissement bancaire pour contracter un crédit immobilier visant à financer le bouquet. Si l'acheteur venait ainsi à décéder avant le vendeur, le crédit immobilier serait remboursé intégralement par l'assurance emprunteur liée au crédit.

Souscrire une assurance « viager »

Les assurances visant à substituer l'acheteur décédé avant le vendeur pour le paiement des rentes sont peu répandues, le marché du viager étant très étroit. Ce type de produit d'assurance est donc cher relativement aux garanties offertes. **La plupart de ces assurances sont à fonds perdus (les primes versées ne sont pas récupérables par l'assuré) et représentent jusqu'à 15% de la rente viagère !** Je ne recommande pas cette solution.

Ouvrir une assurance-vie (produit d'épargne)

Si l'acheteur a une capacité d'épargne supplémentaire, il peut souscrire à un produit d'épargne comme une assurance-vie. L'épargne constituée permettra ainsi de payer les rentes si l'acheteur venait à décéder avant le vendeur.

Le produit d'épargne doit être choisi avec soin. L'assurance-vie présente des avantages certains pour ce type de montage :

- Les frais de succession sont très réduits : abattement des 152 500 premiers euros (référence) ;
- L'acheteur pourra utiliser la clause bénéficiaire afin de léguer le capital aux héritiers qui récupéreraient le viager en cas de décès prématuré de l'acheteur.

L'acheteur ne devra pas hésiter à solliciter un expert pour être conseillé sur le type de supports (euros ou unités de compte) sur lequel investir. Les supports sélectionnés doivent être en cohérence avec la durée d'épargne pour maximiser le rendement tout en minimisant le risque pris.

Le rendement prévisionnel, la durée d'épargne et le nombre d'années durant lequel l'assurance-vie va se substituer à l'acheteur pour payer les rentes permettra ainsi à l'acquéreur de connaître le montant d'épargne nécessaire.

Exemple :

Prenons le cas de l'acquisition du viager d'une femme de 80 ans. L'espérance de vie donnée par les tables de mortalité de Vita Pecunia est de 15 ans.

La probabilité que le vendeur atteigne 95 ans est d'environ de 50% (source Simulateur Vita Pecunia) :

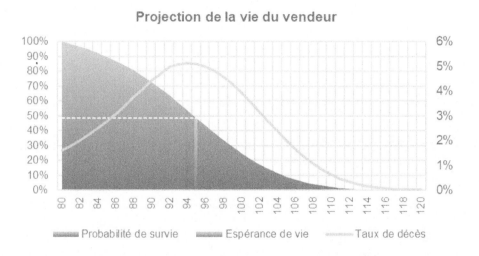

Admettons que l'acheteur souhaite constituer un capital pour se couvrir contre le risque de longévité du vendeur. L'acquéreur accepte un risque de 10% : La probabilité que le vendeur vive au-delà de 105 ans est de 10%. Autrement dit, la probabilité que l'acheteur n'ait pas suffisamment de capital pour payer les rentes du vendeur est de 10%. Nous retiendrons donc 105 ans.

Si la rente payée par l'acquéreur est de 800€ par mois (indépendamment du bouquet ou de la valeur vénale), le montant à constituer sera de 10 x 12 x 800 = 96 000€.

Si l'acheteur souscrit une assurance-vie sur des unités de compte[6] rémunérée en moyenne 4% net de frais de gestion, le montant qui doit être épargné mensuellement est :

$$C \times \frac{1 - (1 + t\%)^{\frac{1}{12}}}{1 - (1 + t\%)^n}$$

Soit

$$96\,000 \times \frac{1 - (1 + 0{,}04)^{\frac{1}{12}}}{1 - (1 + 0{,}04)^{10}} = 654€$$

Cette somme est élevée relativement à la rente payée au vendeur de 800€.

Cependant, il ne faut pas oublier que le montant épargné sur l'assurance vie n'est pas à fonds perdus[7], contrairement à une assurance classique. SI le capital n'est pas utilisé ou en cas de nécessité, il pourra être récupéré ou légué.

---

[6] Unité de compte : Les assurances-vie (produit d'épargne) proposent aux assurés deux typologies d'actifs : les fonds euros et les unités de comptes. Les unités de compte sont gérées par des gestionnaires et sont représentées par des actifs généralement plus risqués que ceux des fonds euros. La rentabilité est donc généralement plus élevée mais le capital n'est pas garanti.

[7] Fonds perdus : On rencontre ce terme dans le domaine de l'assurance. Les assurances à fonds perdus désignent des produits d'assurance où la prime payée n'est pas restituée à l'assuré lors de la résiliation. Cela concerne, par exemple, les assurances auto ou multirisques habitation. En revanche, certaines assurances rentes éducation bénéficient d'une restitution du capital constitué à l'assuré.

Contracter une assurance prévoyance décès

L'assurance décès permet de verser un capital ou un arrérage au bénéficiaire du contrat en cas de décès du souscripteur. L'acheteur peut donc souscrire ce type d'assurance au bénéfice de ses héritiers. Ces assurances étant plus répandues que les assurances viagères, les tarifs sont beaucoup plus compétitifs. Le capital versé aux héritiers leur permettra de prendre la relève du débirentier décédé ou de racheter les rentes viagères (il faudra veiller à ajouter cette clause dans le contrat viager).

Se protéger des conséquences financières du risque de longévité

S'il existe une raison pour laquelle beaucoup de personnes ne souhaitent pas acheter un bien immobilier en viager, c'est le risque de devoir payer des rentes bien au-delà de l'espérance de vie du vendeur !

L'histoire de Jeanne Calment y a beaucoup contribué.

Cette femme, née en 1875, avait vendu son logement à 90 ans à son notaire, alors âgé de 47 ans. Ce dernier mourra en 1995, à l'âge de 77 ans, laissant ainsi sa femme payer les rentes de Madame Calment. Le prix du logement payé sera finalement deux fois plus élevé que la valeur du logement.

Le risque de longévité est lié à l'aléa du viager. Il n'est pas possible de supprimer ce risque car cela aurait pour conséquence de supprimer l'aléa, condition sine qua non à la validité d'un viager.

En revanche, l'acheteur peut réduire ce risque en mettant en place plusieurs stratégies.

La vente à terme

Si l'aléa n'est pas supportable pour l'acheteur, je ne lui conseille pas de contracter un viager. Il peut, en revanche, s'intéresser à la vente à terme. Contrairement à une vente « classique », la vente à terme permet à l'acheteur d'acheter « à crédit » sans banque. La durée de versement est déterministe et l'acheteur et le vendeur connaissent le coût de l'opération dès la signature.

Le viager temporaire

Cette variante du viager permet à l'acheteur de connaître à l'avance la durée maximale de paiement de la rente. Si le vendeur est toujours en vie à la fin de la durée fixée contractuellement, l'acheteur arrête le versement des rentes.

L'acheteur sait donc par avance le montant maximum de l'opération. En revanche, la rente est mécaniquement augmentée afin d'équilibrer le contrat viager et de ne pas léser le vendeur.

Évaluer avec précision l'espérance de vie du viager

Afin de vous aider à obtenir des résultats fiables, Vita Pecunia met à disposition un panel important d'outils pour vous accompagner : barèmes, outils de calcul et de gestion du risque, études personnalisées...

N'oubliez pas que chaque viager est unique et ne pourrait être totalement évalué à partir d'une formule standard. Vous pouvez donc affiner les résultats avec vos observations sur la santé du vendeur. Une demande de contrôle médical du vendeur à l'initiative de l'acheteur est envisageable (mais peu utilisé dans la pratique).

L'ouverture d'une assurance-vie

Enfin, il peut être judicieux pour l'acheteur de souscrire à une assurance-vie afin d'épargner régulièrement. Le capital ainsi constitué sera mis à contribution pour payer les rentes supplémentaires.

La méthodologie est identique à celle qui a été appliquée à la section « Souscrire une assurance-vie » du chapitre « Se protéger du décès prématuré de l'acheteur ».

Pour la mise en place, vous pouvez vous appuyer sur les conseillers financiers de Vita Pecunia.

Acheter plusieurs viagers

Il s'agit du principe fondateur de l'assurance : la mutualisation. Le principe mathématique derrière la mutualisation est la loi des Grands Nombres.

Imaginez, vous lancez 3 pièces de monnaie :

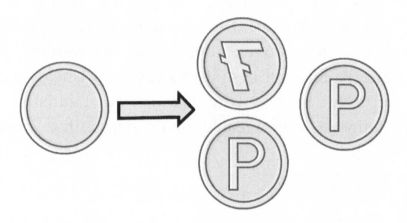

Le résultat de l'expérience montre que vous avez fait 67 % de piles et 33 % de faces.

Maintenant, vous réalisez la même expérience mais en faisant 1 000 lancers :

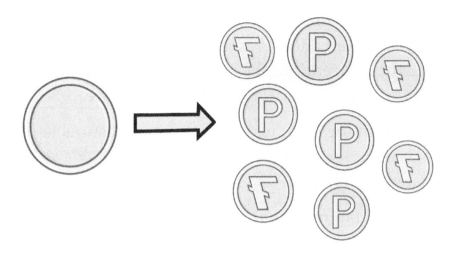

On pourrait raisonnablement observer 49% de piles et 51% de faces.

En multipliant les lancers, vous obtenez en moyenne un résultat proche du résultat théorique (ici 50% de piles et 50% de faces).

Cet exemple s'applique également au viager : en achetant plusieurs viagers, vous augmentez votre probabilité d'acheter vos biens immobiliers à la valeur vénale de l'ensemble du parc immobilier. Évidemment, cela est vrai si les contrats ont correctement été évalués.

Bien sûr, vous ne pourrez pas acheter des dizaines ou des centaines de viagers. Cependant, même avec un faible nombre d'opérations, vous diminuez le risque global de payer trop cher vos biens immobiliers. J'ajoute que vous neutralisez également la chance d'obtenir un logement à un très bon prix…

Vous devez comprendre que vous n'éviterez pas la longévité d'un des crédirentiers. En revanche, une longévité exceptionnelle d'un des vendeurs sera compensée par le décès prématuré d'un autre.

J'ai pris uniquement des contrats viagers contractés avec des hommes de 85 ans. J'ai ensuite considéré les 3 situations suivantes :

- Le débirentier achète 1 viager et paie 500 par an ;
- Le débirentier achète 2 viagers et paie 250 par an et par viager ;
- Le débirentier achète 5 viagers et paie 100 par an et par viager.

Dans les trois situations, le débirentier paie 500 tous les ans. J'ai modélisé la vie des contrats sur 100 000 simulations grâce à une table TGH05.

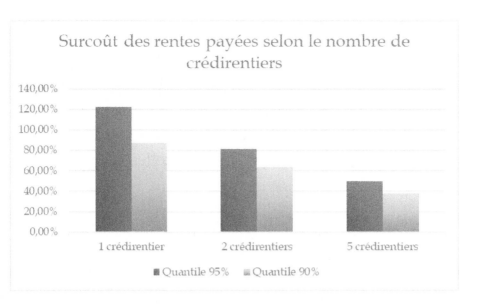

Un quantile à 95% (respectivement 90%) est ici la 95 000ème (respectivement 90 000ème) pire situation.

Cela signifie qu'avec un seul viager, le crédirentier a 5% (ou 10%) de risque de payer au plus 120% de rentes supplémentaires.

S'il contracte 2 viagers, il paiera au maximum 30% moins.

Enfin, avec 5 viagers, le risque commence à être fortement mutualisé : il paiera au plus 50% (ou 38%) de rentes supplémentaires dans 95% (ou 90%) des cas.

De plus en plus de fonds viagers ouverts au public ont été lancés ces dernières années. Si vous ne disposez pas d'un gros capital ou si vous bénéficier de la mutualisation au 1er euro investi, c'est une excellente

142

alternative (pour plus d'informations, demandez-nous notre sélection actuelle).

La clause de rachat des rentes

Cette clause est très peu connue et pourrait bien sauver les finances du débirentier. Et donc celles du crédirentier par ricochet...

J'ai consacré un chapitre sur cette clause, je vous invite à le consulter pour plus d'informations. Afin d'éviter la redondance, je synthétise les caractéristiques de la clause de rachat :

- Cette clause doit être rédigée à la signature du contrat, sur l'acte authentique.
- Elle permet au débirentier de solder le viager en s'acquittant du capital constitutif des rentes le jour du rachat.
- Le débirentier peut d'adresser à un organisme financier pour que ce dernier se substitue à lui dans le paiement des rentes. En effet, il est peu probable que le crédirentier accepte une telle clause s'il est privé d'un paiement en rentes. Le débirentier réglera donc directement le capital constitutif à l'organisme.

Cas pratiques

L'achat d'un viager pour un investisseur fortement fiscalisé

Monsieur et Madame Trodimpo sont fortement fiscalisés. Leur revenu fiscal s'élève à 150 000€.

Ils n'ont pas d'enfants et ont, par conséquent, 2 parts fiscales.

Leur tranche marginale d'imposition est de 41 %.

Monsieur et Madame Trodimpo souhaiteraient investir dans un produit financier leur permettant de bénéficier d'une rente pour leur retraite. Sachant qu'ils disposent déjà de placements pour la retraite investis sur les marchés financiers, ils souhaitent se tourner vers un placement immobilier pour diversifier le risque qui pèse sur leur patrimoine.

En investissant de manière classique dans un bien immobilier, ils percevront des revenus locatifs qui seront fiscalisés. Sachant que <u>la tranche marginale d'imposition du foyer fiscal est très élevée, ce n'est pas la bonne stratégie</u>. Dans le cas d'une location classique (location nue et régime micro foncier), ils paieraient, après abattement de 30% des loyers, 41% + 17,2% = 58,2% d'impôts et de charges sociales. C'est-à-dire, plus de 40% de leurs loyers ! Sans compter que leur revenu actuel, très confortable, est suffisant pour financer leur train de vie. Obtenir un revenu complémentaire dès à présent n'est pas adapté à leur situation.

En revanche, le démembrement de propriété, offert par le viager, répond à leurs besoins :

- Placement immobilier.
- Pas de loyers immédiats qui seraient fortement fiscalisés.
- Générer des revenus locatifs futurs pour la retraite du couple. Ces revenus seront beaucoup moins fiscalisés car la tranche marginale d'imposition sera plus faible (baisse des revenus à la retraite car les pensions futures seront plus faibles que les salaires actuels).
- Gestion locative pratiquement nulle, en phase avec leurs activités professionnelles chronophages.

Monsieur est âgé de 45 ans et Madame, de 43 ans. La rente prévisionnelle doit être versée à la retraite. Il est prudent de retenir un horizon de placement d'environ 15 ans.

Le couple devra donc chercher des viagers occupés par des vendeurs ayant entre 75 et 85 ans. En effet, l'espérance de vie sera en phase avec l'horizon de placement et l'écart d'âge minimal acheteur / vendeur sera respecté.

Vient ensuite le calibrage de la valeur vénale des acquisitions :

- le couple souhaite une rente complémentaire annuelle de 30 000€ à la retraite ;
- leur capacité d'épargne est de 3 000€ par mois ;
- ils investiront dans un secteur où la rentabilité de l'ancien est d'environ 4% brute, soit 3% nette avec l'hypothèse que le loyer net de charges et d'impôts locaux est de 75% du loyer brut ;
- une enveloppe travaux à la libération du bien doit être anticipée, environ 20% de la valeur vénale.

Le couple doit donc investir dans des biens immobiliers ayant aujourd'hui une valeur de $\dfrac{30\,000€}{3\%} = 1\,000\,000€$.

Le DUH économique représente approximativement 3% x 15 = 45% de la valeur vénale du bien immobilier. J'ai consciemment réalisé un calcul rapide et approximatif. Reportez-vous au chapitre « Evaluer la valeur économique du DUH » pour calculer ce droit avec plus de précision.

Monsieur et Madame Trodimpo investiront donc 1 000 000€ x (1 – 45%) = 550 000€ dans des viagers (bouquet + rentes).

Je conseille au couple d'investir dans plusieurs viagers afin de diluer le risque de longévité du vendeur, par exemple trois ou quatre.

Je présente ci-dessous un exemple de viager adapté au projet du couple :

Viager occupé · Proche de Lesparre-Médoc (33340)

Vendeurs 👤👤 Femme 79 ans / Homme 81 ans

MAISON / 4 PIÈCES / 101 M²

MODALITÉS D'ACQUISITION :
Bouquet (FAI) ❓ : 28 000 €
Rente (/mois) ❓ : 571 €

Valeur du bien : 170 000 €
Valeur occupée : 94 860 €
(prix d'achat)

Soit une décote de 44% ou 75 140 €

ℹ Demande d'info   🔄 Être rappelé

Analyse financière | Descriptif du bien | Principes du viager occupé | Localisation

Près de l'océan et à quelques minutes de l'estuaire, ce placement à Saint Germain d'Esteuil est très attractif de part ses faibles montants.

La valeur du bien de 170 000 € diminuée de la valeur de l'occupation par le vendeur revient à acquérir cette maison sur la base d'un prix de 94 860 €.
Ce prix sera payé sous la forme d'un versement comptant de 28 000 € FAI, puis d'une rente mensuelle de 571 €.
La décote du droit d'usage et d'habitation vous assure de réaliser un placement épargne à moyen terme sûr et à forte rentabilité.

MODALITÉ D'ACQUISITION

Type de vente : Viager occupé
Valeur du bien : 170 000 €
Valeur occupée : 94 860 €
(prix d'achat)
Bouquet (FAI) ❓ : 28 000 €
Rente (/mois) : 571 €

Âge Femme : 79 ans
Âge Homme : 81 ans

Horizon d'investissement : entre 9 et 13 ans
(Période théorique basée sur les tables INSEE)

CALCUL VIAGER

Valeur du bien : 170 000 €
Valeur d'achat occupée : 94 860 €

Décote (DUH)
44%

Bouquet
16%

Rente cumulée
40%

Cette annonce répond à tous les critères : horizon de placement, valeur vénale et décote.

En investissant dans 5 viagers similaires, ils apporteront un bouquet global de 150 000€. Ils paieront ensuite une mensualité globale d'environ 2 500€ à tous les crédirentiers durant une durée moyenne d'environ 15 ans.

A terme, leur patrimoine immobilier sera valorisé 1 000 000€ (en faisant abstraction de la probable revalorisation) et dégagera des loyers nets de charge et d'impôts locaux de 30 000€.

Notez que le couple, une fois à la retraite, disposera de revenus beaucoup plus faibles qu'actuellement. Le taux marginal d'imposition sera donc inférieur à 41%, ce qui lui permettra de profiter de loyers nets d'impôts plus élevés que ceux qui auraient été générés immédiatement par le biais d'une acquisition « classique ».

Ils pourront aussi revendre leurs viagers une fois libérés et réinvestir le capital dans une autre solution financière (ou le consommer).

Vendre en viager un logement secondaire pour une nouvelle vie

Madame Prévoyante, veuve, est âgée de 80 ans. Elle n'utilise plus autant qu'avant sa résidence secondaire où elle passait ses vacances avec sa famille. Sa maison est valorisée 350 000€.

Madame Prévoyante souhaite aujourd'hui :

- préparer sa succession pour ses deux enfants ;
- augmenter ses revenus pour entrer en maison de retraite.

Je lui conseille de se séparer de son logement en le vendant en viager libre.

La loi lui permet de léguer 100 000€ à chacun de ses enfants tous les 15 ans. L'idéal serait donc qu'elle obtienne un bouquet de 200 000€. La rente mensuelle de 800€ lui permettrait ensuite de participer au financement de sa maison de retraite.

Acheter un viager pour en faire sa résidence principale

Monsieur Indépendant est un jeune chef d'entreprise qui emménage près de la ville d'Angers. Il souhaite acquérir sa résidence principale mais ne trouve aucune banque susceptible de lui prêter de l'argent pour son projet. En effet, son entreprise génère des profits mais n'est pas assez mature pour rassurer les banques.

Monsieur Indépendant a entendu qu'il était possible d'acheter un appartement sans prêt immobilier grâce au viager.

Puisqu'il veut habiter l'appartement dès l'achat, il doit se tourner vers le viager libre.

Il devra s'armer de patience et faire des concessions car ce type de viager est assez rare. La vente à terme libre peut également être une bonne option pour lui.

Voici une annonce qui pourrait l'intéresser :

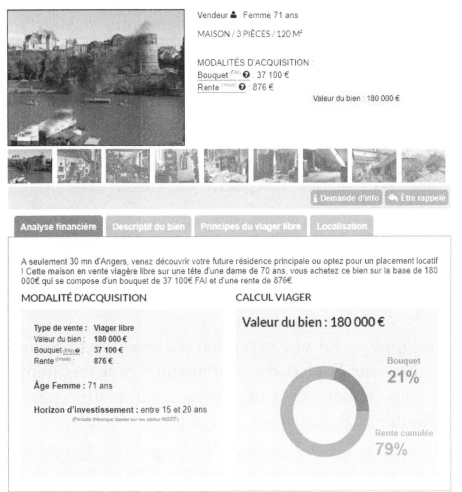

La rente reste raisonnable pour Monsieur Indépendant. S'il avait emprunté sur 20 ans, il aurait payé une mensualité similaire.

Acheter un viager pour faire de l'investissement locatif (très) rentable

Monsieur Trodedette a investi dans plusieurs appartements. Sa stratégie est d'obtenir des revenus complémentaires car Monsieur Trodedette rêve d'indépendance financière... Il rencontre aujourd'hui des difficultés pour faire financer sa prochaine acquisition car ses ratios bancaires virent au rouge. Le petit trésor de guerre qu'il a pu constituer grâce à ses investissements (près de 40 000€ de liquidités) ne réussit pas à rassurer les banques...

Je lui recommande d'acquérir un viager libre pour le proposer à la location.

Afin d'obtenir un flux de trésorerie positif chaque mois, il devra s'intéresser à des crédirentiers assez jeunes. Normalement, je ne recommande pas d'acheter un viager à un crédirentier de moins de 70 ans. Le cas développé ici est une exception. En effet, l'appartement de Monsieur Trodedette s'autofinance. Si le crédirentier vit plus longtemps que prévu, cela n'aura pas de conséquence négative sur ses finances.

En cherchant, Monsieur Trodedette trouve cette annonce :

151

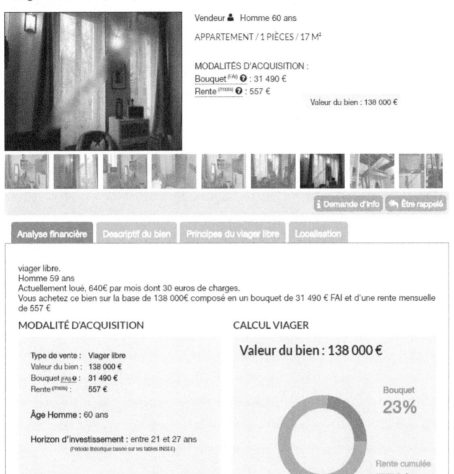

Viager libre · Paris (75019)

Vendeur 👤 Homme 60 ans

APPARTEMENT / 1 PIÈCES / 17 M²

MODALITÉS D'ACQUISITION :
Bouquet (FAI) ❓ : 31 490 €
Rente (/mois) ❓ : 557 €

Valeur du bien : 138 000 €

ℹ Demande d'info 📞 Être rappelé

| Analyse financière | Descriptif du bien | Principes du viager libre | Localisation |

viager libre.
Homme 59 ans
Actuellement loué, 640€ par mois dont 30 euros de charges.
Vous achetez ce bien sur la base de 138 000€ composé en un bouquet de 31 490 € FAI et d'une rente mensuelle de 557 €

MODALITÉ D'ACQUISITION

Type de vente :	Viager libre
Valeur du bien :	138 000 €
Bouquet (FAI) ❓ :	31 490 €
Rente (/mois) :	557 €
Âge Homme :	60 ans

Horizon d'investissement : entre 21 et 27 ans
(Période théorique basée sur les tables INSEE)

CALCUL VIAGER

Valeur du bien : 138 000 €

Bouquet
23%

Rente cumulée
77%

Cela se présente bien ! L'appartement est déjà loué et génère déjà un surplus de trésorerie (attention, d'autres charges doivent s'ajouter à la rente viagère).

Le bouquet est parfait car légèrement inférieur à la somme que Monsieur Trodedette peut débourser.

<u>Mon astuce pour gagner gros</u> : Au départ du locataire, Monsieur Trodedette pourra rénover l'appartement avec le montant d'apport qui lui reste. Il en profitera pour proposer le logement en meublé et ainsi augmenter sensiblement le loyer. Par ailleurs, la fiscalité du LMNP est plus intéressante. En dehors de Paris[8], Monsieur Trodedette aurait même pu faire de la location en courte durée pour exploser la rentabilité de son investissement !

---

[8] La mairie de Paris a mis en place des mesures restrictives pour réguler fortement la location de courte durée (appelée communément « AirBnB »). Dans les faits, il est pratiquement impossible pour un investisseur de respecter ses règles pour pouvoir louer son logement de cette manière.

Questions réponses

J'ai acheté un viager il y a plusieurs années. Je viens d'apprendre le décès du crédirentier, quelle démarche dois-je entreprendre afin de récupérer le logement ? Dois-je repasser devant le notaire ?

Vous êtes propriétaire du bien depuis la signature du contrat de vente car la publicité foncière a été faite à cette date. Vous n'avez donc aucune formalité à remplir avec un notaire.

Puis-je financer le bouquet avec un crédit immobilier ?

Vous aurez de très grandes difficultés à faire financer le bouquet de votre viager avec un crédit immobilier.

En effet, lors du passage chez le notaire, le vendeur prendra une garantie de premier ordre sur le bien acheté en viager.

Par conséquent, la créance de la banque ne sera pas remboursée en priorité si vous n'arrivez pas à honorer votre dette. C'est la raison pour laquelle elle refusera de vous prêter le montant du bouquet.

En revanche, si vous achetez un viager sans rentes, le vendeur n'a aucune raison de prendre une hypothèque sur le bien. La banque pourra donc se garantir sur le logement faisant l'objet de la transaction.

Enfin, d'autres pistes peuvent être envisagées mais je recommande de les manier avec une grande précaution :

- Recourir à un crédit à la consommation : la banque ne prend pas de garantie pour ce type de prêt. En revanche, les taux sont très élevés et les durées de remboursement beaucoup plus courtes qu'un crédit immobilier classique. La mensualité sera donc élevée. N'oubliez pas que vous devrez rajouter la rente du crédirentier !
- Proposer un de ses biens immobiliers en garantie : si vous avez un logement sans crédit immobilier et que sa valeur est supérieure au montant demandé, vous pouvez l'utiliser pour garantir le crédit immobilier.

Puis-je négocier un viager immobilier ?

Dans de nombreuses régions en France, la demande en viager est déphasée avec l'offre. Les avantages d'une vente en viager séduisent de plus en plus de séniors mais les acheteurs sont frileux. La principale raison provient des croyances populaires sur le risque de longévité du crédirentier (notamment avec l'histoire de Jeanne Calment).

Après avoir lu ce livre, vous comprenez donc qu'un acheteur ayant à disposition les bons outils pour évaluer correctement la rente viagère a de belles opportunités pour réaliser une opération intéressante. Il peut également utiliser de nombreuses méthodes pour sécuriser sa transaction.

Le lecteur qui souhaite vendre réalisera qu'il peut baisser la rente viagère qu'il propose pour faciliter la vente. Il peut le faire en toute confiance car son espérance de vie lui permettra de ne pas être perdant et d'équilibrer le contrat viager.

Non seulement il est possible de négocier un viager mais ce sera probablement une des seules façons pour qu'une vente ait lieu !

Légalement, aucune loi n'impose un prix de vente pour un bien immobilier ou une méthode d'évaluation des rentes. Vous devez néanmoins vous assurer qu'aucune des parties n'est lésée (valeur vénale sur ou sous-estimée, espérance de vie retenue incohérente avec celle qui devrait être retenue, etc.).

Quel indice puis-je retenir pour l'indexation de la rente ?

Vous pouvez retenir n'importe quel indice pour indexer la rente viagère. On retient généralement l'indice des prix à la consommation (hors tabac) publié par l'INSEE. Cela fait sens pour un viager occupé car la rente est dépensée par le crédirentier dans des biens de consommation courante. Dans le cas d'un viager libre, vous pouvez retenir un indice utilisé dans les baux locatifs : l'IRL (Indice de Revalorisation des Loyers) ou l'ICC (Indice du Coût à la Construction).

Rien ne vous empêche de retenir un indice qui est en votre faveur. En tant qu'acheteur, privilégiez un indice dont l'historique a peu été revalorisé. Au contraire, le vendeur choisira un indice fortement revalorisé dans le passé.

Tout est question de négociation.

Je suis le crédirentier d'un viager et j'ai oublié de demander la revalorisation de ma rente. L'acheteur s'est bien gardé de me le dire... Que puis-je faire ?

En matière de viager, le délai de prescription est de 5 ans pour obtenir le paiement des rentes non versées en partie ou en totalité.

En ne procédant pas à la revalorisation de votre rente, le débirentier a payé la rente partiellement. Vous pouvez donc exiger l'indexation et le paiement immédiat de la rente. Si celui-ci refuse, sachez que vous pouvez invoquer la clause résolutoire qui aura pour effet d'annuler le viager. De quoi le faire changer rapidement d'avis...

Je vais acquérir un viager occupé mais mon notaire calcule ses frais sur la valeur vénale du bien. A-t-il raison de procéder ainsi ?

Comme pour n'importe quel démembrement de propriété, les frais de notaire se calculent sur la valeur de cession. Dans le cas d'un viager occupé, il s'agit de la valeur vénale diminuée du droit d'usage et d'habitation. En effet, le droit d'usage et d'habitation est conservé par le crédirentier. Votre notaire a donc tort de procéder ainsi et cela augmente les frais de notaire.

Signalez-lui son erreur, pour cela, **aidez-vous de notre « kit notaire » disponible sur le site de Vita Pecunia**. S'il persiste, changez de notaire !

Conclusion

Tous les voyants sont au vert pour le viager immobilier :

- hausse des prix de l'immobilier ;
- difficultés à accéder au financement bancaire pour de nombreux français malgré des taux historiquement bas ;
- des pensions de retraite toujours plus basses ;
- un allongement de la durée de vie ;
- un accroissement de la dépendance, demandant des ressources financières supplémentaires importantes.

Comme en témoigne le nombre d'annonces grandissant, l'offre est abondante.

Pourtant, les acheteurs boudent ce type d'achat immobilier : seulement 5 000 viagers sont conclus chaque année. C'est peu relativement aux 800 000 transactions immobilières annuelles.

Ces peurs sont justifiées :

- La majorité des barèmes viagers sont vieillissants et ne correspondent plus à l'espérance de vie actuelle.
- De nombreux professionnels ne maîtrisent pas suffisamment le viager (car trop peu souvent utilisé).
- Des biens immobiliers souvent surestimés et certains vendeurs restent fermés à la négociation.

- Les candidats à l'achat méconnaissent ce type de vente. Savez-vous que vous pouvez acheter un logement en viager et disposer de celui-ci dès signature ? Qu'un viager peut vous permettre d'acquérir un bien moitié moins cher ? Que le viager peut vous permettre d'investir dans l'immobilier sans problèmes locatifs (dégradations, impayés, vacances, etc.) ?

Le viager est un type de vente immobilière complexe. Acheteur comme vendeur doivent donc être accompagnés par des professionnels spécialisés dans le viager afin d'encadrer juridiquement le contrat de vente. Ces professionnels doivent également veiller à ce que l'équilibre du contrat soit préservé pour qu'aucune partie ne soit lésée. En effet, une approximation dans le calcul de la rente viagère peut avoir des conséquences financières désastreuses pour l'une des parties.

Au-delà de l'aspect technique, la majorité de la population estime le viager comme une transaction immorale et le résume à un pari sur la vie ou la mort du vendeur. Il s'agit pourtant d'une manière simple – car sans intermédiaire bancaire - et éthique - via la solidarité intergénérationnelle - de transmettre le patrimoine du vendeur à un acheteur désireux d'acquérir sa résidence principale ou d'investir dans la pierre.

Cet ouvrage, je l'espère, vous a permis d'acquérir des connaissances solides et suffisantes pour savoir si ce type de transaction est adapté à votre situation. Nous avons vu ensemble l'aspect juridique mais aussi la vision « gestion du risque » qui manque aujourd'hui aux professionnels. J'ai la conviction qu'en sensibilisant les acheteurs sur la réalité statistique, ces derniers seront plus enclins à voir le viager autrement et peut-être, sauter le pas.

Le dictionnaire du viagériste

Dans ce livre, je vais librement utiliser des termes propres au viager et probablement inconnus de nombreux lecteurs. Je vous propose dans un premier temps d'introduire ces notions de manière succincte. J'y reviendrai plus en détail aux chapitres suivants.

Le viager immobilier : le viager immobilier (couramment appelé « viager ») est un contrat signé entre un acheteur et un vendeur. Ce contrat engage les parties prenantes : le vendeur cède au moment de la signature de ce contrat son bien immobilier. De son côté, l'acheteur s'engage à verser une somme d'argent le jour de la signature du contrat (aussi appelé « bouquet ») et une rente viagère de manière périodique. A noter qu'un viager immobilier peut également concerner des biens immobiliers autres que des biens à destination d'habitation. Dans cet ouvrage, nous ne parlerons que des biens voués à être habités.

Le débirentier : le débirentier d'une opération viagère est l'acheteur. En effet, il se place en situation débitrice car il a une dette envers le vendeur.

Le crédirentier : le crédirentier d'une opération viagère est le vendeur. Il est en situation de crédit : l'acheteur doit lui rembourser la dette qu'il lui a consentie.

Le viager occupé : 95% des viagers sont des viagers « occupés ». Dans ce cas, le crédirentier reste dans les lieux car il jouit de son Droit d'Usage et d'Habitation (DUH). Le viager occupé est donc moins onéreux à l'achat pour l'acheteur car le prix du bien immobilier est minoré de la valeur de ce droit d'usage et d'habitation.

Le viager libre : c'est une forme de viager que l'on rencontre moins souvent. Le vendeur libère son logement lors de la vente (ou vend une résidence secondaire ou locative). Ce type de vente ne permet pas au débirentier de profiter d'une éventuelle décote de la valeur du bien immobilier acheté car il jouit de la pleine propriété dès le jour de la vente.

La valeur vénale : il s'agit simplement de la valeur (de la pleine propriété) du bien immobilier au jour de la vente. Nous pouvons aussi utiliser le terme « valeur de marché ».

Le Droit d'Usage et d'Habitation : on retrouve généralement le sigle « DUH ». Le Droit d'Usage et d'Habitation concerne principalement le viager occupé. Il s'agit du droit conservé par le vendeur lui permettant de jouir de son bien immobilier et d'y habiter. En revanche, contrairement à un droit d'usufruit (voir la définition plus loin), il ne peut pas en tirer des revenus, c'est-à-dire le mettre en location.

La vente à terme : elle n'est pas un viager à proprement parler. En effet, le caractère aléatoire est une condition sine qua non d'un viager. Dans le cas d'une vente à terme, l'acheteur verse de manière certaine ses rentes sur une période prédéfinie. Si le vendeur vient à décéder avant la date du terme, l'acheteur devra verser ses rentes aux héritiers. Comme pour un viager, le logement peut être vendu libre ou occupé.

Le bouquet : le bouquet est la somme versée comptant par le débirentier (l'acheteur) au crédirentier (le vendeur) le jour de l'acte authentique. Cette somme est fixée librement par les parties et peut représenter jusqu'à 30% de la valeur vénale du logement.

Les rentes (ou l'arrérage) : ce sont les versements périodiques de l'acheteur au profit du vendeur. Le versement est généralement viager (jusqu'au décès du vendeur) et plus rarement temporaire (durant une durée fixée le jour de la signature du contrat).

Le capital constitutif : aussi appelé « montant à renter » ou « capital à renter ». Il s'agit de la somme des rentes futures que le débirentier doit payer au crédirentier. Un barème viager permet de convertir ce capital en rentes.

Barème viager : un barème viager est un « tableau » dans lequel figure (classiquement) l'âge et le sexe d'un individu. A ces variables est associé un coefficient qui permet de convertir le capital constitutif en rente.

Le démembrement de propriété : la majorité des logements sont vendus en pleine propriété, c'est-à-dire comme « un tout ». Or, il y a plusieurs droits rattachés à un bien immobilier, notamment la nue-propriété et l'usufruit. Le démembrement de propriété consiste à vendre, céder ou conserver certains droits du logement. Le viager occupé est un type de démembrement de propriété puisque le DUH est conservé par le crédirentier et le débirentier devient propriétaire des droits complémentaires du logement. Notez que le DUH est un droit plus restrictif que l'usufruit.

La pleine propriété : la pleine propriété est la réunion de la nue-propriété et de l'usufruit. La très grande majorité des ventes immobilières se font sur la pleine propriété.

La nue-propriété : aussi appelée « abusus », la nue-propriété est le droit permettant d'être propriétaire physiquement du bien (ses murs, son terrain, etc.) sans jouir de son usage et de ses revenus avant une période déterminée (fixe ou viagère – le décès de l'usufruitier).

L'usufruit : l'usufruit tire son origine du latin de « usus », l'usage, et de « fructus », la jouissance. Ce droit permet à son détenteur de se servir du bien en l'habitant et de pouvoir en tirer des revenus (les loyers). L'usufruit est également cessible. Ce droit est plus étendu que le DUH. En effet, ce dernier ne permet pas à son bénéficiaire de mettre le logement en location ou de le céder.

La réversion de rente : on rencontre ce terme dans le domaine du viager mais également dans le domaine de la retraite et de la prévoyance. Lorsqu'un groupe de bénéficiaires (généralement réduit à deux personnes, comme un couple) dispose d'une rente réversible, celle-ci continue d'être versée aux personnes survivantes lorsque l'une d'entre elles décède. La réversion peut être totale, dans ce cas, le montant de la rente sera identique jusqu'au décès du dernier bénéficiaire. Elle peut également être partielle, ce qui signifie que la rente diminue au fur et à mesure des décès du groupe de bénéficiaires.

Le compromis de vente : également appelé « avant-contrat », le compromis de vente permet d'engager les parties prenantes dans la transaction du logement. Le vendeur s'engage à vendre sous certaines conditions (notamment de prix, de délais, etc.) et l'acheteur s'engage à acheter à ces conditions. Le compromis de vente n'est pas un terme propre au viager, on le retrouve dans toutes les transactions immobilières.

L'acte de vente : couramment appelé « acte authentique », l'acte de vente suit le compromis de vente (généralement dans les mois suivants) et permet, par la signature des deux parties, d'officialiser la transaction immobilière. Le jour de la signature, l'acheteur devient ainsi propriétaire du logement et le vendeur en perd sa possession.

Aller plus loin

Si vous souhaitez approfondir certains points de ce livre, rendez-vous sur le site www.vitapecunia.fr

Je publie régulièrement des articles et diffuse une newsletter sur le sujet du viager. Vous y trouverez également des ressources pour vous aider dans votre recherche ou vente de viager : barème viager, calculateur de rente viagère etc.

Enfin, pour toute question ou remarque, j'aurai plaisir d'échanger avec vous par mail : contact@vitapecunia.fr

Je réponds à toutes les questions de mes lecteurs.

Made in United States
North Haven, CT
19 April 2023

35642941R00104